U0450171

北京联合大学文理青年学术文库（三）

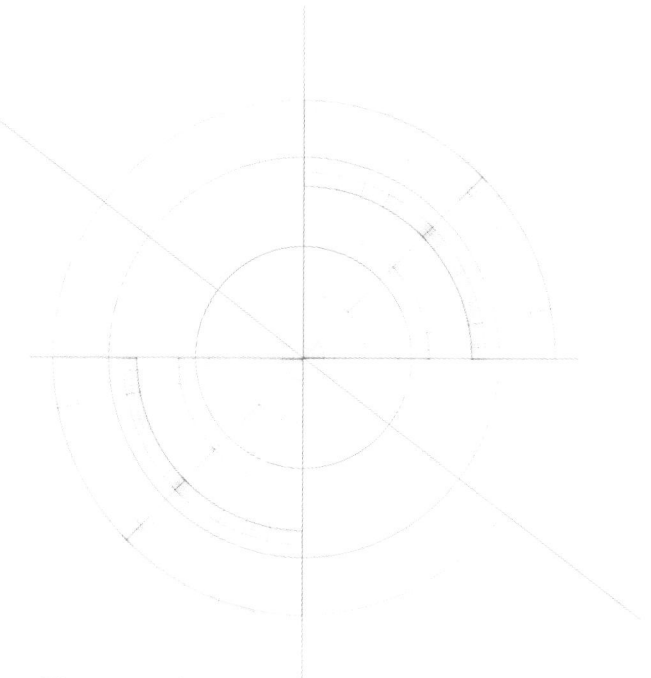

Electronic records management
and use of electronic evidence

电子文件管理与电子证据使用

范冠艳 著

中国社会科学出版社

图书在版编目(CIP)数据

电子文件管理与电子证据使用/范冠艳著. —北京：中国社会科学出版社，2022.6

ISBN 978-7-5227-0421-0

Ⅰ.①电… Ⅱ.①范… Ⅲ.①电子档案—档案管理②电子—证据—使用方法 Ⅳ.①G275.7②D915.13

中国版本图书馆 CIP 数据核字(2022)第 113193 号

出 版 人	赵剑英
责任编辑	许 琳 齐 芳
责任校对	李 硕
责任印制	郝美娜
出　　版	中国社会科学出版社
社　　址	北京鼓楼西大街甲 158 号
邮　　编	100720
网　　址	http://www.csspw.cn
发 行 部	010-84083685
门 市 部	010-84029450
经　　销	新华书店及其他书店
印刷装订	北京君升印刷有限公司
版　　次	2022 年 6 月第 1 版
印　　次	2022 年 6 月第 1 次印刷
开　　本	710×1000 1/16
印　　张	12.75
字　　数	184 千字
定　　价	78.00 元

凡购买中国社会科学出版社图书，如有质量问题请与本社营销中心联系调换
电话：010-84083683
版权所有　侵权必究

目 录

前言 ……………………………………………………………… (1)

第一章 导论 …………………………………………………… (1)
第一节 研究背景 ………………………………………………… (1)
第二节 研究目的与意义 ………………………………………… (3)
第三节 研究问题 ………………………………………………… (6)

第二章 研究设计与过程 ……………………………………… (13)
第一节 研究方法的选择 ………………………………………… (13)
第二节 研究范围的确定 ………………………………………… (21)
第三节 研究步骤与过程 ………………………………………… (22)

第三章 进入领域：必要背景 ………………………………… (35)
第一节 电子文件及管理的概念内涵 …………………………… (35)
第二节 机构内的电子文件管理 ………………………………… (44)
第三节 证据的概念内涵 ………………………………………… (52)
第四节 证据使用的法律程序 …………………………………… (53)

第四章 编码呈现：美国与加拿大 …………………………… (62)
第一节 电子证据的内涵 ………………………………………… (62)

第二节　电子取证的构成 ·· (64)

第三节　民事电子取证(E-discovery)的主要挑战 ················ (72)

第四节　电子文件管理与电子取证链接的体现 ····················· (79)

第五节　直接全面性链接存在与否的影响因素 ····················· (87)

第六节　电子文件管理与电子证据认证的关系 ···················· (110)

第五章　编码呈现：中国 ·· (116)

第一节　电子证据的概念 ·· (116)

第二节　电子取证的构成 ·· (118)

第三节　直接全面链接存在与否的影响因素 ························ (122)

第四节　电子文件管理与电子证据认证的关系 ···················· (137)

第六章　现象解释与关系呈现 ·· (142)

第一节　类属对比 ··· (142)

第二节　关系呈现 ··· (145)

第三节　现象解释 ··· (151)

第七章　我国电子文件与电子证据发展建议 ························ (155)

第一节　我国机构电子文件管理与电子取证对接的必然性 ······ (155)

第二节　对法学界和电子文件管理界的建议 ························ (160)

第八章　结论与展望 ·· (166)

第一节　主要结论 ··· (166)

第二节　研究创新、局限与展望 ······································ (169)

参考文献 ··· (171)

附录　编码示例 ··· (190)

后记 ··· (194)

图表索引

图 2-1　经典扎根理论的研究过程 …………………………………… (19)
图 3-1　文件的生命周期阶段 …………………………………………… (44)
图 3-2　机构电子文件运动规律 ………………………………………… (45)
图 4-1　电子取证相关概念间的关系 …………………………………… (72)
图 4-2　EDRM 电子取证参考模型 ……………………………………… (76)
图 4-3　EDRM 的机构信息治理参考模型 ……………………………… (106)
图 4-4　可信电子文件的概念框架 ……………………………………… (115)
图 5-1　电子证据的真实性认定标准 …………………………………… (124)
图 5-2　电子证据的真实性认定方式 …………………………………… (124)
图 6-1　机构(电子)文件与(电子)证据的关系 ………………………… (148)
图 6-2　机构电子文件到诉讼电子证据的形式变化 …………………… (149)
表 1-1　相关文献检索结果 ……………………………………………… (10)
表 1-2　相关文献筛查结果 ……………………………………………… (11)
表 2-1　初始数据来源与内容示例 ……………………………………… (23)
表 2-2　美国、加拿大部分第二步收集数据来源与内容示例 ………… (25)
表 2-3　美国、加拿大部分第三步收集数据来源与内容示例 ………… (26)
表 2-4　中国部分第一步数据收集来源示例(1) ……………………… (28)
表 2-5　中国部分第一步数据收集来源示例(2) ……………………… (28)
表 2-6　中国部分第一步收集数据来源示例(3) ……………………… (29)

表 2-7　中国部分第二步数据追踪来源示例 ……………………（30）
表 2-8　中国部分第三步数据来源示例 …………………………（31）
表 3-1　独立电子文件管理系统的其他功能点 …………………（50）
表 4-1　Digital Forensics(刑事电子取证)与 E-discovery(民事
　　　　电子取证)流程比较 ……………………………………（70）
表 4-2　民事电子取证(E-discovery)与电子文件管理流程对比 ……（81）
表 4-3　电子证据适用的传闻例外规则 …………………………（91）
表 4-4　电子证据适用的鉴真规则 ………………………………（92）
表 4-5　电子证据适用的自我鉴真规则 …………………………（93）
表 4-6　美国《联邦证据规则》中与机构电子文件的关联点 ………（96）
表 4-7　加拿大《证据法》中与机构电子文件的关联点 ……………（98）
表 6-1　核心类属与特征 …………………………………………（142）

前　言

随着各国数字化转型的推进，电子文件已经成为信息时代社会运转和历史传承的重要工具和载体，成为国家的重要战略信息资源。在我国数字转型和可信社会建设的新背景下，面对即将到来的单套制，电子文件如何为其形成机构提供高质量服务的问题将更加突出。近几年来我国企业纷纷走出国门投身海外市场，在国外遭遇司法诉讼的风险剧增，机构电子文件作为司法诉讼证据的可能性也极大增加。在美国、加拿大、澳大利亚、英国等历史上电子文件管理领先的国家中，电子文件管理界普遍重视机构电子文件（organizational records management）与电子证据之间的关系，且将这种关系聚焦于电子取证（E-discovery）这一环节。然而，在国内电子文件管理领域和证据法领域里，关于电子文件应如何在机构诉讼场景里发挥最佳作用的讨论依然很少，两学科之间的互动也不常见，这种现象使得在当前环境下探求电子文件及管理与电子证据使用的关系具有十分重要的现实意义，并进一步引发了本书的指引性研究问题：为什么在电子文件发展已有二十多年历史的中国，电子文件管理界与电子证据和电子取证间的链接并未明确存在呢？

本书以经典扎根理论方法（classic grounded theory）为指导，对这一问题进行探索。研究发现，电子文件管理界与电子证据和电子发现之间没有明确链接的核心原因（core variable）在于民事领域中电子证据与机构电子文件间缺少联系，即（1）法律中的电子证据定位模糊；

（2）民事诉讼中的电子证据规则体系尚未建立；（3）电子证据相关法律条款在认证和收集规则上都缺少与机构电子文件的关联点。以此为基础，研究整理出探索过程中的各类发现及其关系，并对我国法律界和文件档案界提出相关希望和建议。

本书第一至第二章阐述了电子证据领域中电子文件问题的发现，设计选用了对应研究框架和研究方法，第三至第六章是依经典扎根理论研究方法的规范对上述扎根研究过程及其发现的还原和成果的详细体现。第三章展示了进入实质性领域开展研究所需的背景知识；第四章呈现了美国和加拿大部分发现的主要类属、特征及其表现；第五章呈现中国数据在主要类属和特征上的具体表现及新出现的特征，并在这一阶段确定了核心类属；第六章围绕核心类属解释了我国与美、加在电子文件管理与电子取证的关系上存在的差异，并呈现了研究中发现的关系；第七章结合第四至第六章的发现为我国电子文件和电子证据的发展提供建议；第八章归纳总结了研究中的创新点，指出了研究的不足，并对未来研究和发展进行了展望。

第一章 导论

第一节 研究背景

电子文件[①]是机构或个人社会活动的直接记录,是信息化社会中无法忽视的基础性要素。[②] 随着各国数字化转型的推进,电子文件已经成为信息时代社会运转和历史传承的重要工具和载体,成为国家的重要战略信息资源。[③] 对于我国而言更是如此。近些年来我国信息化快速发展、全面推进,计算机和网络在社会各领域得到广泛应用。截至 2018 年 6 月,我国网民规模达 8.02 亿,互联网普及率为 57.7%[④];"互联网 + 政务服务"成为电子政务发展的新趋势,在线政务服务用户规模达到 4.70 亿[⑤];企

[①] 根据《电子档案管理基本术语》(DA/T 58 - 2014),"电子档案是指具有参考和利用价值并归档保存的电子文件",电子文件可以理解为电子档案的上位词,也就是说电子档案包含于电子文件之中。因此本书统一采用电子文件的说法,只在着重强调归档后的电子文件时使用"电子档案"的说法。

[②] 冯惠玲:《电子文件管理:信息化社会的基石》,《电子政务》2010 年第 6 期。

[③] 国家电子文件管理知识与政策干部读本编委会:《国家电子文件管理知识与政策干部读本》,人民出版社 2018 年版,第 1 页。

[④] 中国互联网络信息中心:《第 42 次中国互联网络发展状况统计报告》,http://www.cnnic.net.cn/hlwfzyj/hlwxzbg/hlwtjbg/201808/t20180820_70488.htm。

[⑤] 李季、程晓波、王益民:《中国电子政务发展报告(2017)》,社会科学文献出版社 2017 年版,第 3 页。

业信息化发展迅速，全国使用互联网的企业比例达到95.6%，超过60%的企业部署了信息化系统①。

　　当前以习近平同志为核心的党中央高度重视网络安全和信息化工作，做出了建设网络强国的战略部署。"数字中国"和"智慧社会"在党的十九大中被明确作为未来的建设目标。② 以广东省为代表的各地区加快推进"数字政府"建设，打造国家新型智慧城市。而在行业层面，随着第四次产业革命的到来，企业也面临数字化转型的新挑战，行业数字化能力建设亟待提高。与此同时，数字信息也成为诚信社会建设中的重要维度，我国"十三五"规划纲要提出"健全信用信息管理制度"，"推进信用信息共享"，"提高全社会诚信水平"。③ 在我国数字转型和可信社会建设的新背景下，对各领域原生数字信息的管理是电子文件管理的重要职责。在国家信息化大跨步发展的同时，我国电子文件管理也在不断突破和发展。2015年12月国家档案局颁布《会计档案管理办法》，规定"单位内部形成的属于归档范围的电子会计资料可仅以电子形式保存"。2018年第九届电子文件管理论坛以"从双轨到单轨"为主题，指出电子文件单轨制渐行渐近，将成为电子文件管理的发展趋势和未来走向④。近几年来伴随着我国企业走出国门投身海外市场，不断有大型知名企业如中兴、华为等遭受侵权或其他各种形式的法律诉讼或调查，国外各类错综复杂的监管制度对机构业务文件的管理提出了更高要求。在拓展海外业务的同时，面对所在国区别于我国的诉讼制度和证据规则，如何对业务活动中产生的信息记录进行管理使其更好地服务于机构的法

---

① 智研咨询集团：《2018—2024年中国企业信息化行业运营分析与发展前景预测报告》，http://www.cnnic.net.cn/hlwfzyj/hlwxzbg/hlwtjbg/201808/t20180820_70488.htm。

② 广东省人民政府：《广东省"数字政府"建设总体规划》，http://www.gd.gov.cn/zwgk/wjk/qbwj/yf/content/post_162020.html。

③ 全国人民代表大会常务委员会：《中华人民共和国国民经济和社会发展第十三个五年规划纲要》，http://www.npc.gov.cn/wxzl/gongbao/2016-07/08/content_1993756.htm。

④ 杨太阳、刘越男：《力争打通从双轨制到单轨制的"最后一公里"——第九届中国电子文件管理论坛成果丰硕》，《中国档案报》2018年12月25日第1版。

律遵从事务，是文件档案界和法律界面临的新课题。

可信性是电子文件为业务活动服务的必要前提，证据意识是电子文件管理证明机构活动合规性的根本基础。若想实现真正的电子文件单轨制，使电子文件管理能够切实服务于国家数字转型与可信社会建设、我国企业走向国际化，就必须先弄清楚电子文件与电子证据之间的关系，找到电子文件管理对机构司法诉讼和法律遵从的意义。在我国当前发展环境下对这一课题的研究具有相当的必要性和紧迫性。

第二节 研究目的与意义

早在1999年我国司法机关在案件审理中已经将电子邮件作为定案证据①，自2012年起三大诉讼法也相继将电子数据纳入法定证据类型。然而社会各界对电子文件作为证据的质疑仍然存在：一方面，在政府机关和企业，甚至于各类档案馆和档案部门，将电子文件打印后再做留存的案例屡见不鲜；另一方面在司法诉讼案件中由于电子文件管理制度与电子证据规则对接不通畅，导致电子文件在作为证据呈堂时缺乏有力的可信性支撑，使得其证据能力和证明力大打折扣。② 近几年，我国企业在对外经济往来中面临越来越多的法律纠纷③，企业由于电子证据收集保存意识薄弱，因举证不能造成败诉情况也不罕见④。对于文件档案学科而言，若想在数字环境中更好地指导电子文件管理活动服务于机构运作，有必要结合国内外的诉讼制度和证据规则，从理论层面彻底理清电

---

① 张梅：《试论电子邮件能否作为诉讼证据——从全国首例电子邮件为定案证据案谈起》，《华东政法学院学报》2001年第3期。
② 宗元春：《电子文件的证据规则》，博士学位论文，中国人民大学，2011年。
③ 张虎：《美国执行程序中的"证据开示"制度研究——现状、最新发展及应对策略》，《江淮论坛》2014年第1期。
④ 任学强：《电子数据制度在涉外诉讼中的应用与完善》，《国际经济合作》2008年第1期。

子文件与电子证据的交集，切实找到电子文件管理与电子证据使用间的契合点，全面系统地阐释电子文件及管理与电子证据及使用之间的联系，一针见血地指出电子文件管理活动对机构应对司法诉讼和实现法律遵从的实质性意义。这一课题的研究对我国有重要意义。

一　实践意义

理清电子文件及其管理与电子证据的关系，在理论层面建立电子文件及其管理与电子证据及其使用间的全面、系统联系，有助于电子文件更好地发挥其对机构法律遵从的作用，巩固和加强电子文件管理在机构运作中的地位。在机构卷入民事、行政甚至刑事诉讼案件时，或通过行业仲裁等方式解决经济、劳动等各类纠纷时，基于证据意识的电子文件管理活动可以帮助机构以更高效的方式提供更多的相关证据，减少机构处理司法诉讼或纠纷的成本。此外，还能为机构应对行政监管调查和其他法律遵从事务提供支持，增强机构法律遵从的能力，降低机构潜在的法律风险。

理清电子文件及其管理与电子证据的关系，在理论层面建立电子文件及其管理与电子证据及其使用间的全面、系统联系，有助于增强人们对电子文件作为凭证单独进行留存的信心，为单轨制的实行和未来推广奠定基础、铺平道路；有助于凸显电子文件作为国家重要信息资源的角色，提升电子文件管理在国家与社会治理中的战略地位；有助于提高政府行政行为的责任性和可信度，推进数字政府和智慧城市的建设；有利于充分发挥电子文件管理在企业运营中的作用，助力企业数字化转型；有利于加强信用信息的证明力度，助力诚信社会建设。

放眼全球，在"一带一路"等重大国际合作框架下，我国政府和企业都在努力熟悉和融入国际法律体系与环境，众多优秀企业进军海外市场，面临复杂、陌生的司法诉讼与行政监管规则。在理论层面建立电子文件及其管理与电子证据及其使用间的直接、全面和系统链接，同时有效认识到我国与其他国家尤其是北美在这一链接体系上的不同，有助于促进我国政府和企业在司法实践领域与国际进一步接轨，有效应对国际化合作中的潜在风险。

二　理论意义

本书有助于开启文件档案领域与电子证据领域的对接，促进文件档案管理学科与法学界的进一步交流与合作。长期以来，我国电子文件领域的学者和实践者一直关注电子文件的法律地位和法律效力问题，并试图利用专业理论和技能建立以"真实性"为核心的"凭证价值"保障方法和机制。然而，与之相反的是，大部分司法界人士更多从"电子数据"的角度看待电子证据，在遇到证据效力或价值的证明问题时，多求助于信息技术进行解决，近几年来，随着电子证据大量涌现，司法界面临越来越多的电子证据问题和挑战，法学界开始意识到电子文件管理的作用，但仍处在对电子文件相关概念和标准的初期认识中。本书在充分了解电子证据领域法律背景的基础上，跨出了现有文献中的"真实性"与"证据效力"的思路局限，试图探寻电子文件管理功能与电子取证环节间的直接联系。现今法学界正尝试与电子文件管理领域开展交流，若电子文件管理界能够充分了解电子证据领域的主要问题，认识到电子证据使用的痛点难点，在此基础上与电子证据领域的同仁进行对话，将极大地提高双方的深入交流与合作的效率。

本书对电子文件管理行业和学科的发展具有重要意义。在现代科学快速发展的今天，学科间的交叉渗透和融合已经成为常态，没有哪个学科可以独善其身。信息技术极大地改变了各个领域的存在和运行模式，行业的扩张与合并更是常态。任何一个学科或行业若不能保持自身存在的独特性都将难以立足。在国外，由法学界领导的以"信息治理"为标志的机构信息管理新模式已经成为一种趋势。电子文件管理作为一个与实践紧密联系的学科，更应该主动发挥自身专业知识与技能，积极寻求学科理论跨界扩展与应用的可能性。本书关注电子文件管理功能在电子证据领域的应用，有利于拓展电子文件管理理论在法律研究领域的新领地，促进电子文件理论的跨学科融合与发展。

第三节 研究问题

本书采用经典扎根理论的研究方法，以问题为指引逐步追踪数据并尽可能全面地对节点进行比较。[①] 与其他典型的社会科学研究方法不同的是，此处的研究问题指的是扎根研究过程中的起点问题，是由研究兴趣引发，在初步探索中通过观察而获得的。在研究过程中，更为具体的研究问题会随研究进程逐步出现，但所有的具体研究问题依然会本着为最初的研究兴趣服务的宗旨。因此，研究最后对指引性研究问题的回答通常是阶段性的，可待扩展的。

一 起点问题

笔者在博士期间参与了某个关于电子文件管理政策研究的科研项目，该项目的委托方十分关注电子文件的证据效力问题，这引起了笔者极大的兴趣：电子文件与电子证据究竟存在怎样的关系？电子文件管理与电子证据又有何联系？在这一兴趣的驱动下，笔者开始了对中外相关文献的广泛浏览[②]，希望能够找到答案或者获得一些相关线索。笔者首先在国外权威的文件档案管理和研究机构的官方网站以及文件档案界的知名英文期刊[③]搜寻相关资料，发现在美国、加拿大、澳大利亚、英国等电子文件管理较为领先的国家，文件管理界普遍重视电子文件与电子证据之间的关系，并且在近些年来将研究聚焦于 E-discovery（Electronic Dis-

---

[①] 采用扎根理论作为本书指导方法的具体原因参见第二章。

[②] 这些文献包括研究报告、学术论文、司法案例甚至行业新闻报道等各类与前述研究话题相关的资料。

[③] 包括 The American Archivist, Archives and Records, Archives and Manuscripts, Archivaria, Records Management Journal。

covery）这一证据使用环节。例如，国际文件管理工作者协会（ARMA International）在其《信息管理杂志》（*Information Management Magazine*）的网站上开辟了 Discovery/E-discovery 的专栏，并发布了多篇与电子取证相关的报告。① 根据美国律师协会出版的 E-discovery 系列书籍，E-discovery 是指在法律诉讼中识别、定位、保存、收集、准备、筛查、出示和当庭展示电子证据的过程。② 从含义上来看，我国法律用语中唯一能与之对应的只有"电子取证"一词，例如刘品新在《电子取证的法律规制》中指出广义的电子文件取证对应英文中的 E-discovery 和 Digital Forensics。③

在这些涉及电子取（E-discovery）的资料中，《赛多纳会议原则》和 EDRM 模型多次出现。继续追踪发现，EDRM 和赛多纳会议是美国电子取证（E-discovery）领域的两个知名研究机构，它们的大量研究成果中都涉及了机构电子文件管理的内容。

杜克法学院 EDRM 司法研究中心是电子取证（E-discovery）领域领先的标准化研究组织，致力于制定和发布相关的框架、标准和资源以解决 E-discovery 实践中的实际问题。EDRM 制定的电子取证参考模型（E-discovery Reference Model，EDRM）定义了取证的流程和步骤，该模型被企业和律师群体广泛借鉴，在电子取证（E-discovery）领域受到普遍认可。该模型最初发布于 2005 年，在这一版本中，文件管理（Records Management）被列为电子取证流程的起始步骤。④

赛多纳会议研究协会（Sedona Conference Institute，TCSI）成立于 1997 年，因其第一工作小组"电子记录保管与供证"（Working Group 1 on Electronic Document Retention and Production）在电子取证（E-discov-

---

① 例如 ARMA International. E-Mail Retention and Archiving: Issues and Guidance for Compliance and Discovery。

② Sedona Conference Working Group 1，"The Sedona Conference Glossary: E-Discovery & Digital Information Management"，https://thesedonaconference.org/publication/The_ Sedona_ Conference_ Glossary。

③ 刘品新:《电子取证的法律规制》,《法学家》2010 年第 3 期。

④ Edrm Duke Law School，"EDRM Model (2005 Version)"，https://www.edrm.net/.

ery）领域的卓越贡献而广为人知。《赛多纳原则》（2004 年版）第一条指出根据《联邦民事诉讼规则》第 35 条电子数据和记录在证据收集范围之内，机构必须妥善保存可能与诉讼相关的电子数据和记录，而明确的文件管理政策可以为电子数据和记录的保存提供支持；第 14 条指出机构在未收到证据留存通知的情况下，遵从文件管理政策对电子记录进行的销毁行为应该免于受到法律制裁。[1] 报告中还列举了几十个相关的司法判例，例如 Lewy 诉 Remington Arms Co. 案（1988 年）、Pub. Citizen 诉 Carlin 案（1997 年）、Silvestri 诉 General Motors Corp. 案（2001 年）、Zubulake 诉 UBS Warburg LLC 案（2003 年）、Stevenson 诉 Union Pac. R. R. Co. 案（2004 年）等。在这些判例中，法官在对电子取证问题的裁决上，都不同程度地考虑到了机构对电子文件进行管理的职能和责任（在裁决中体现为 Records Management 或 Recordkeeping）。在赛多纳会议研究协会网站进行进一步搜寻，发现了更多与电子文件管理职能相关的报告，例如《赛多纳会议原则与评论：合规处置》[2]、《赛多纳指南：电子时代文件信息管理最佳原则与评论》（2004 年版）[3] 以及《赛多纳会议术语表：电子取证与数字信息管理》（2005 年版）[4] 等。在这些报告中 "record" 和 "records management" 可谓是高频词汇，其中《赛多纳术语表》中列有电子文件（electronic record）、文件管理（records management）、文件生命周期（record lifecycle）、文件分类（filing）、文件保管期限表（re-

---

[1] Sedona Conference Working Group 1, "The Sedona Principles: Best Practices Recommendations & Principles for Addressing Electronic Document, Production", https://thesedonaconference.org/publication/The_ Sedona_ Principles.

[2] Sedona Conference Working Group 1, "Sedona Conference Principles & Commentary on Defensible Disposition", https://thesedonaconference.org/publication/Commentary_ on_ Defensible_ Disposition.

[3] Sedona Conference Working Group 1, "The Sedona Guidelines: Best Practice Guidelines & Commentary for Managing Information & Records in the Electronic Age", https://thesedonaconference.org/publication/Guidelines_ for_ Managing_ Information_ and_ Electronic_ Records.

[4] Sedona Conference Working Group 1, "The Sedona Conference Glossary: E-Discovery & Digital Information Management", https://thesedonaconference.org/publication/The_ Sedona_ Conference_ Glossary.

cords retention schedule)、文件处置（disposition）等词条，并附有详细的定义。赛多纳会议还设有国际分会（WG6）和加拿大分会（WG7），这些分会发布的报告中也都体现了对机构电子文件管理的高度关注。例如《赛多纳会议国际原则：民事诉讼中的证据开示、披露与数据保护》，是针对欧盟国家的法律诉讼程序和数据保护政策专门制定的国际化版本，其中原则6是对机构数据控制的指导，该部分强调了电子文件管理对机构数据的数量控制作用。可以说，机构电子文件管理职能是赛多纳电子取证原则体系的一个重要组成部分。

从这些数据中可以看出，在美国等英文国家，以ARMA为代表的文件管理界正在积极推进机构电子文件管理对电子取证（E-discovery）和法律遵从的支撑作用，以赛多纳会议研究协会和EDRM研究中心为代表的法律界将机构电子文件管理视作电子取证（E-discovery）的基础，大量司法判例中有关电子取证的裁决也显示法官认为机构有责任对其持有的电子文件进行管理，并会对未能履行管理职责造成证据毁坏的行为予以惩戒。可以说，在上述资料涉及的法律环境中，机构电子文件管理与电子取证（E-discovery）在实践和研究层面存在着直接的、普遍性的链接。而反观我国，实践中，司法诉讼和机构电子文件管理活动是割裂开来的，二者鲜有交集。在理论层面，法学界一直对文件档案界缺乏关注，文件档案界一直试图与法学建立联系，但更关注电子文件的证据效力和真实性问题，对电子取证并不热衷。[①] 这一现象是为什么呢？

二 问题查重

在典型社科研究路径下研究问题是经由文献综述获得的，是针对现有研究中的不足和空缺展开的，自然不存在重复研究的问题。由于本书是在扎根理论方法指导下进行的，研究问题是由研究兴趣出发，在探索

[①] 在CNKI文献库、中国人民大学学位论文和北大法宝法学期刊库中查询，仅两篇与取证相关的文献，但其研究中的"取证"指的是对电子文件证据的获取，并非法律界普遍意义上的电子取证。具体分析见第2.3节。

中经观察和分析逐步浮现的。不仅如此，扎根理论方法要求在研究开展前避免对特定相关文献的回顾，而是把它们视作普通的研究数据。[①] 这就不可避免地存在重复研究的可能性。虽然扎根理论对此有自己的一套解释，但避免重复研究本身也是一个合理的要求。因此，如前所述，本书在指引研究问题产生的过程中已关注相关的查重工作。此处对这一过程进行较为详细的陈述。检索逻辑的核心在于文件档案界的"电子文件（管理）"与法律界的"电子取证"的关系。由于电子文件管理在国内外都已经是比较独立的分支领域，电子文件（Electronic Records）和电子文件管理（Electronic Records Management, ERM）是这一分支领域的核心术语，因此在查询时直接选用了这两个词汇。前文的探索显示 E-discovery 在英文文献中是较为专业和标准的说法[②]，但电子取证在我国还有电子证据收集的说法，查询时一并代入。由于采取的是标题检索，因此在检索词上适当放宽了"电子"一词的用法，并使用"数字"进行替代补查。

按照下列检索式进行检索，得到的检索结果如表 1-1 所示。

表 1-1　　　　　　　　　　　相关文献检索结果

	数据库	检索方式[③]	检索结果
英文	Web of Science	Title = (electronic records/digital record) + discovery + China Title = record + (e-discovery/electronic discovery) + China	0
	Academic Search Premier		0
	ProQuest		0
	Lexisnexis		0
中文	CNKI 文献数据库	标题 = （电子文件/数字文件/电子档案/数字档案）+（取证）/（证据+收集） 标题 = （文件/档案）+ 电子取证/（电子证据+收集）	10
	中国人民大学学位论文库	标题 = （电子文件/数字文件/电子档案/数字档案）+（取证）/（证据+收集）	1
	北大法宝法学期刊库	标题 = （文件/档案）+ 电子取证/（电子证据+收集）	0

---

① 关于扎根理论相关特点的具体介绍参见第二章。
② 这一观察在后续研究中也得到了证实。
③ 由于采取的是标题检索，因此在检索词上适当放宽了"电子"一词的用法。

检索结果显示可能相关的研究全部集中在中文文献部分。通过阅读摘要按照以下条件对检索出的文献进行了二次筛选：（1）文献中的"文件/档案"是否确指文件档案领域的核心概念；（2）文献的研究主题是否与"电子文件"和"电子证据"的关系问题有较高贴合度；（3）"取证"是否属于一般意义上的电子证据取证的概念，而非对已划定为证据的电子文件/档案的专门获取。筛选结果如表1-2所示。

表1-2　　　　　　　　　　　　相关文献筛查结果

篇名	来源	作者	年份	是否排除	排除原因
利用Ext2文件系统的硬盘布局信息收集电子证据	警察技术	罗文华、汤艳君	2006	是	（1）
对word文件碎片中作者信息和时间戳的电子取证研究	陇东学院学报	陈涛	2009	是	（1）
电子取证中AVI文件的文件雕复	中国司法鉴定	黄婉镝、汪中夏、武振东	2013	是	（1）
基于Office Open XML格式文件的电子取证方法研究	警察技术	李子川	2015	是	（1）
基于数字取证技术的安全可靠电子文件管理系统	河南科技	宋辉、张怡静	2015	是	（2）
电子档案的数字取证与基于电子档案凭证性保障技术的数字取证技术方案研究	档案学研究	田雷	2015	是	（2）
电子文件证据取证研究	中国人民大学硕士论文库	张钰婷	2008	是	（2）
电子文件取证影响因素及其对策研究	档案学通讯	唐跃进、张玉婷、蒋琴	2009	是	（2）
电子文件证据取证研究	北京档案	徐振杰	2010	是	（2）
论电子文件证据的认定、收集及审查	浙江档案	陈勇、蒙宇涛	2012	是	（2）
"电子文件管理"与"数字取证"比较研究	浙江档案	赵生辉	2010	否	—

武汉大学信息管理学院的赵生辉所撰写的《"电子文件管理"与"数字取证"比较研究》一文是唯一的相关文献，然而，作者开篇便指出文中的"数字取证"对应的是 Digital Forensics 一词。作者认为电子文件管理和数字取证在数据数量上有巨大差异，二者交集甚少，现实中"只能有少量电子文件"被当作司法证据，二者的结合点主要在于数字取证专业工具对电子文件管理思想的借鉴。在文章最后一部分作者指出两个学科的融合在于"电子发现"（Electronic Discovery）这一新领域，并将其阐释为"面向数字取证的电子文件管理"，认为其产生于"对上市公司等机构法律管控要求的不断提高和机构电子文件数量上的海量性"。然而遗憾的是除了上述结语部分的陈述，作者未能提供更多的信息，在文章中也未对其研究结论适用的法律环境提供任何说明或进行具体区分（我国还是国外）。但这一模糊的发现反而引起了笔者更大的兴趣——为何 E-discovery 在法律界被视作广义电子取证的一部分，在信息学科中却被视作"面向数字取证的电子文件管理"？国外的 E-discovery 与我国法律界的电子取证到底是如何对应的，又与 Digital Forensics 有何区别？这些都有待通过后续研究做出回答。

总结而言，中外文献中尚未有研究系统清晰地回答我国电子取证与机构电子文件管理间的联系问题，更不曾探讨二者在实践和理论层面缺乏直接普遍链接的原因。这也在一定程度上反证了研究初步探索中的观察。电子取证作为证据使用三大环节（取证、质证、认证）中的重要一环，目前在我国尚未建立起与电子文件管理间的联系，更不用说在"电子文件及管理"与"电子证据及使用"之间的全面系统联系了。由此可见，本书具有一定的新意，不存在重复研究的问题。

第二章 研究设计与过程

本书以扎根理论方法为指导,对"我国电子文件管理与电子取证(E-discovery)在实践和研究层面为何不存在着直接、普遍链接"这一问题展开探索。

第一节 研究方法的选择

对探索性研究问题,选择扎根理论是较为合适的方法。本书选用的是经典版本的扎根理论。

一 扎根理论溯源

扎根理论最早是由学者格莱瑟(Barney G. Glaser)和斯特劳斯(Anselm Strauss)于1967年在《扎根理论的发现》(*Discovery of Grounded Theory*)一书中系统构建的。该书是为了进一步阐释他们先前出版的《死亡意识》(*Awareness of Dying*)中使用的研究方法。扎根理论独特的研究方式和理论建构方法使其成为本书的最佳指导方法。

(1)扎根理论是一种从资料中建立理论的特殊方法论,即在某实质性领域(substantive field)通过系统性收集资料自然呈现反映事物现象的核心类属(core categories),围绕这一核心的属性(properties)、维度

(dimensions) 以及核心与其他概念 (concepts) 之间的联系建构相关的理论,以解释该领域关注的主要现象或核心问题 (concern)。使用这种方法构建出的理论扎根于研究数据,因而对该实质性领域具有更强的解释作用。而本书的最终目的就是围绕电子形式的数据这一本质,以电子文件和电子证据两个分支领域的理论体系为基础,弄清电子文件管理与电子证据使用之间的核心关联,并且能够根据不同国家的诉讼制度和证据规则对其进行具象的解释。扎根理论的研究方法与这一研究目的十分契合。由于这一跨学科的研究课题涉及文件档案管理学科和证据法学的理论知识,又涵盖我国及其他相关国家的法律体系、诉讼制度和证据规则,其中的大量概念不仅牵涉学科层面的差异而且涉及不同国家和中英文语境上的差异。在这一情况下,完全按照传统文献的研究方法通过对中外文文献的全面梳理找到研究不足或空缺、进而获得研究问题的做法将存在极大的难度,概念差异和研究边界都会成为首要的问题。而采用扎根理论的研究方法能够允许研究者直接从"电子文件管理与电子取证之间的直接普遍链接"这一最明显的差异点入手,顺着初始数据分析得到的线索逐步跟踪收集相关文献,从而完整勾勒出两个分支领域之间的联系表现。这一起点问题从"why"的角度展开探索,也不同于传统的先提出理论再用其解释事实的做法,可以在一定程度上避免生搬硬套国外的"先进理论或实践",以免造成"水土不服"的问题。

(2) 扎根研究的目的就是提出一个围绕核心范畴及其特征、由概念及概念间的关系组成的行为模式。[1] 扎根理论对现实存在的行为模式进行概念化,侧重对社会心理或过程的分析 (social process analysis),不受地点、时间和人物的限制,这一点不同于大多数社会学研究中对社会结构单元 (social structural units) 的关注。[2] 在扎根研究中,基本社会过

---

[1] Barney Glaser, *The Grounded Theory Perspective: Conceptualization Contrasted withd Description*, Mill Valley, CA: Sociology Press, 2001, p.19.

[2] Barney Glaser and Judith Holton, "Basics Social Processes", *The Grounded Theory Review*, Vol.4, No.3, 2015, pp.1–27.

程（也即核心范畴）通过阐释现象的不同表现形式来反映现象①，例外现象在扎根理论中不会被排除在研究之外，而是会作为一种行为变化形式（variation in behavior）在概念层面抽象为某个范畴特征或特征的属性（indicator）②。因此比较组是在研究进行中根据需要随时选择的，只要能够对范畴特征或特征属性的形成有所贡献可以对任意事物进行比较，比较对象间的差异非但不会成为其不合格的理由，反而能够增加理论的丰富度。③ 扎根理论的这一特性极大地满足了本书的需求，即结合不同国家的具体诉讼制度和证据规则的理论层面探索电子文件管理与电子证据使用间产生或欠缺普遍联系的原因。

（3）在扎根理论研究方法论中，现有文献、研究者本身及其研究对象的观点、历史信息或个人经历都可以作为数据。④ 格莱瑟专门论证了田野研究（field data）与文献研究（documentary data/library research）中数据的收集和使用方法⑤，科宾（Juliet M. Corbin）认为研究者可以使用已收集好的资料，应该"走进已有资料、二手或档案材料、回忆录"⑥。扎根理论"一切皆为数据"的特点意味着本书可以最大限度地利用电子证据领域的现有数据，包括法律法规、标准规范、裁判文书、司法判例、学术文献等各类资料。

（4）扎根理论作为归纳性理论建构的方法论，要求研究者有足够的理论敏感性，持续关注规模不断扩张的数据，对研究对象所关注的问题始终保持开放的心态。⑦ 因此研究者在研究开启前无须有具体的研究问

---

① Barney Glaser, *Theoretical Sensitivity-Advances in the Methodology of Grounded Theory*, Mill Valley, CA: Sociology Press, 1978, p. 114.
② Barney Glaser, *Theoretical Sensitivity-Advances in the Methodology of Grounded Theory*, p. 88.
③ Barney Glaser, *Theoretical Sensitivity-Advances in the Methodology of Grounded Theory*, pp. 42–43.
④ Barney Glaser, *Theoretical Sensitivity-Advances in the Methodology of Grounded Theory*, p. 80.
⑤ Barney Glaser, *Theoretical Sensitivity-Advances in the Methodology of Grounded Theory*, pp. 161–166.
⑥ 朱丽叶·科宾、安塞尔姆·施特劳斯：《质性研究的基础：形成扎根理论的程序与方法》，朱光明译，重庆大学出版社2015年版，第333页。
⑦ Kathy Charmaz, "Grounded Theory", in Jonathan A. Smith ed., *Rethinking Methods in Psychology*, London: Sage, 1995, p. 27.

题，也不用接受特别的训练①。笔者受教于电子文件管理领域，研究开展前对电子证据应用的司法诉讼领域并无过多了解，这种未受已有理论束缚的空白状态恰好有利于保持扎根研究中要求的开放心态，对电子证据领域中的核心问题的出现保持敏感状态。

　　扎根理论发展至今至少存在三个版本：格莱瑟和斯特劳斯的经典版本（即 GTM）；斯特劳斯和科宾的程序化版本以及卡麦兹的构建型版本。② 经典版本中的象征式互动理论强调将调查数据作为理论形成的主要来源，而实证主义能够提供理论形成和系统性分析的方法，两者结合能够产生更为合理的社会理论。相比之下，斯特劳斯—科宾的版本中引入了新的轴心式编码和条件矩阵，轴心式编码并不依赖不断比较获得分类，条件矩阵范式又需要严格的编码框架，导致理论的形成更像是对数据的强制性分类，而非自然呈现的结果，削弱了"形成扎根于数据的理论"的能力。③ 构建型扎根主义反对实证主义，过分强调了社会的可解读性和可构建性，完全忽略了经典扎根理论中的系统性方法。尽管经典主义中的数据收集分析不可避免地带有主观色彩，但是其研究者开放不带偏见的心态和不断比较分析的机制可以在一定程度上弥补这一问题。更为重要的是，在一定程度上抽象出的理论比研究者构建出来的单纯的解释或描述更具有现实意义，而且在面对新的变化情况时可以进行调整。格莱瑟所坚持的经典扎根理论关注自然呈现（emergence）和发现（discovery），并非精确性（accuracy）和验证核查（verification）。④ 经典扎根理论并不要求研究者一定要在一个未被社会理论踏足的领域开展研究。优秀的扎根研究可以超越现有的研究成果，将这些研究发现整

---

① Barney Glaser, *Theoretical Sensitivity-Advances in the Methodology of Grounded Theory*, p. 44.
② 费小冬：《扎根理论研究方法论：要素、研究程序和评判标准》，《公共行政评论》2008年第3期。
③ 谢丽：《加拿大联邦政府背景下的文件与信息：基于扎根理论的研究》，浙江出版社2017年版，第8—14页。
④ 费小冬：《扎根理论研究方法论：要素、研究程序和评判标准》，《公共行政评论》2008年第3期。

合为更高层面上的理论。① 基于以上考量，本书选择了经典版的扎根主义。

二 经典扎根理论特点

经典扎根理论具有以下几个特点。

(1) 研究兴趣而非具体问题

在研究初期，研究者通常有一个非常笼统的兴趣，带着探索性的研究问题开始。这种情况下的研究问题只是为了确定研究现象，而不需要十分具体、明确的问题，从而能够给予研究者充分的灵活性和自由度去探索研究对象。扎根理论方法下的研究关注点不是由研究者预先设定的，而是在数据收集、分析和追踪过程中形成的。

(2) 文献回顾延迟

文献回顾延迟是扎根理论方法的一个显著特征。② 使用扎根理论方法的研究者应带着足够的背景知识展开对问题的研究，同时在研究开展前避免对特定相关文献的回顾③，其原因在于使研究者不受现有研究观点和视角的局限，在数据的收集和处理分析中始终保持自由开放的心态，尽可能地去发现数据中的概念和类属。在研究过程中，相关文献会自然地被视作整体数据的一部分。在初期理论和概念形成后可以对特定文献进行回顾④，这时可以结合构建出的理论，对相关文献进行比较和分析。

(3) 一切皆数据

在实质性研究领域，研究者可以将研究中涉及的一切事物当作数据

---

① Barney Glaser, *Theoretical Sensitivity-Advances in the Methodology of Grounded Theory*, p.15.

② 费小冬：《扎根理论研究方法论：要素、研究程序和评判标准》，《公共行政评论》2008年第3期。

③ David Douglas, "Intransivities of managerial decisions: a grounded theory case", *Management Decision*, Vol.44, No.2, 2006, pp.259 – 275.

④ Christina Goulding, "Grounded theory: A magical formula or a potential nightmare", *Marketing Review*, Vol.2, No.1, pp.21 – 34.

进行不断比较,形成概念、类属并且归纳其中涉及的模式,从而形成理论。① 正如前文所提到的,这里的数据可以是通过田野调查获得的一手数据,也可以是已有的资料和二手数据,还可以是"现有文献、研究者本身或研究对象的观点、历史信息甚至个人经历",其最终目的是形成一个可以"解释实质领域中的某种关注得以持续解决的理论"②。

(4) 自然呈现

扎根理论是从研究者的兴趣所出发的、在数据中形成的理论。研究者的关注重点是在数据收集和处理分析中逐渐形成的,概念和类属也是在这一过程中自然浮现的,而非研究者强加给研究对象的。③

(5) 不断比较

扎根理论方法的研究者通过不断比较在数据中发现新的类属、同一类属的各类属性以及同一属性的不同纬度。对比可以在四个层次上展开:"事件(incidents)与事件、概念与事件、概念与概念以及外部比较"④。在对数据进行编码时,进行的是事件与事件之间的比较,从其共性中抽象出概念;进而将概念与更多的事件进行比较,达到概念层面的饱和;继而对概念和概念进行比较归类,形成更高层面上的类属。当研究者对其研究的实质性领域有了足够的把握后,可以在领域之外寻找可能的数据进行比较,甚至可以是研究者亲身经历的经验性事件。⑤

---

① Barney Glaser, *Doing grounded theory: Issues and discussions*, Mill Valley: Sociology Press, 1998, p. 26.

② 费小冬:《扎根理论研究方法论:要素、研究程序和评判标准》,《公共行政评论》2008年第3期。

③ Barney Glaser, *Doing grounded theory: Issues and discussions*, Mill Valley: Sociology Press, 1998, p. 28.

④ 费小冬:《扎根理论研究方法论:要素、研究程序和评判标准》,《公共行政评论》2008年第3期。

⑤ Barney Glaser, *Theoretical Sensitivity-Advances in the Methodology of Grounded Theory*, Mill Valley, CA: Sociology Press, 1978, pp. 49–51.

经典扎根理论遵循的研究过程如图 2-1 所示①。

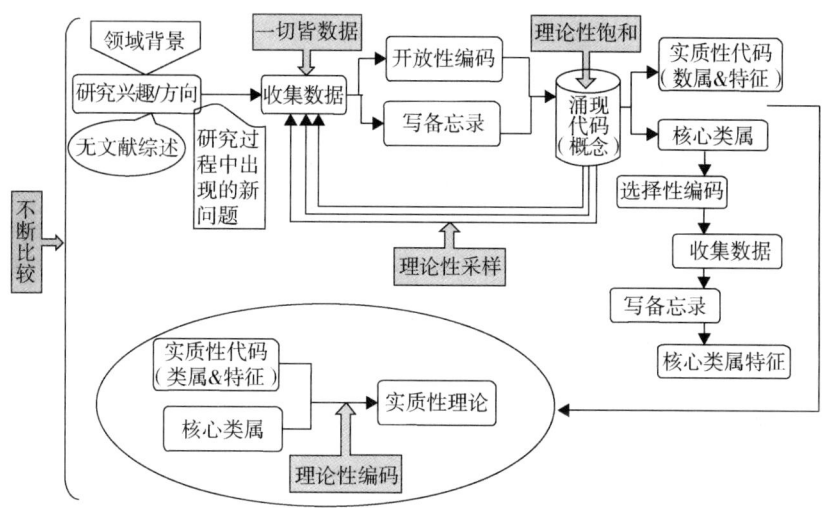

图 2-1 经典扎根理论的研究过程

在扎根理论研究中,对数据的收集、编码、比较和备注是同时交叉进行的,是一个不断往复的过程。相关概念的解释如下②:

编码(Coding):编码是指通过不断比较分析将数据概念化,以产生类属以及类属特征的过程。编码包括实质性编码和理论性编码。

实质性编码(Substantive Coding):实质性编码是对研究领域实质性事件的概念化,得到的概念称为实质性代码(substantive codes)。对实质性代码继续进行比较分析,抽象出类属及其特征,并从中发现核心类属。

开放性编码(Open Coding):是指在初始阶段进行的开放式的编码行为,不受任何预设概念或类属的影响。

选择性编码(Selective Coding):在开放性编码结束、核心类属出现

---

① 参见谢丽《加拿大联邦政府背景下的文件与信息:基于扎根理论的研究》,浙江出版社 2017 年版,第 14 页。

② Barney Glaser, *Theoretical Sensitivity-Advances in the Methodology of Grounded Theory*, p. 55.

后，仅围绕核心类属及其相关类属进行的编码行为。

理论性编码（Theoretical Coding）：通过不断比较分析在涌现的实质性代码间寻找联系进而发现类属及其特征的编码行为。

备注（Memoing）：在编码过程中研究者对涌现的代码及其关系进行分析，并及时记录的行为。备注行为贯穿于整个研究过程，研究者进行编码、比较分析、分类甚至阅读已有备注和初步写作时都可以对产生的新想法进行及时备注。

理论性采样（Theoretical Sampling）：研究者根据对数据不断分析和编码的结果，选择下一步需要收集的数据来源和内容，直至理论呈现的过程。

理论性饱和（Saturation）：理论性饱和是指研究者通过继续收集数据也无法获得新的类属或特征的时刻，此时研究者可以停止采样，数据收集结束。

实质性理论（Substantive Theory）：利用扎根理论方法，在某实质性领域通过对数据的不断比较分析和编码而归纳构建出的理论。

类属（Category）：类属是实质性理论的组成部分。

特征（Property）：特征是类属的一个组成要素或方面。

核心类属（Core Category）：在实质性理论中处于核心位置的类属，能够对实质性领域中关注的行为或问题起到解释作用。

需要指出的是，虽然现阶段的收据收集无法发现新的类属是理论性饱和的一般标准，但在扎根研究实践中，对理论性饱和的判断通常难有绝对标准，只能由研究者综合主客观情况做出的决定。实际上，通过扎根研究获得的实质性理论虽在现阶段止步于对该领域关注的行为或问题的解释，但在继续研究上仍具有强大的延展性：随着新的数据的加入会产生新的问题，出现新的概念构想，对现有的理论进行持续的改进和完善[①]，

---

① 参见 Sherry L. Xie, "A must for agencies or a candidate for deletion: A grounded theory investigation of the relationships between records management and information security", *Records Management Journal*, Vol. 29, No. 1/2, 2019, pp. 57–85。

这也使得扎根研究获得的实质性理论可以更好地适应领域的更新和变化，同时在一定程度上解释了理论性饱和主观判断的合理性。

第二节 研究范围的确定

由于现实条件的限制，本书不可能穷尽所有国家法律环境中的各种情况。综合考虑各种因素后，将国外的研究范围限定为美国和加拿大两个国家。主要原因有以下几点：（1）在国际电子文件管理领域，美国和加拿大都在领先国之列，而这两个国家的电子取证（E-discovery）实践案例和研究资料都很丰富。（2）美国和加拿大法律体系起源于普通法，两国在司法体系上有诸多相通之处。与我国相比，在诉讼和证据规则上仍有较大不同。选取北美作为代表，可以更直接地认识到我国电子证据实践与其他国家的不同。当然，不可否认的是，随着现代社会的发展，各个国家都不再拘泥于传统的普通法和制定法划分体系，这种区别正在变得越来越模糊。① 例如，美国虽然被认为是普通法系国家，但制定法在国家治理和社会治理结构中也开始承担日渐重要的角色，我国的很多司法诉讼改革措施也被认为是在向英美法系的做法靠近。② 而2018年以中兴、华为为代表的中国企业在美国和加拿大接连被诉，更为这一选择增添了现实意义。（3）本书是在扎根理论方法的指导下进行的，扎根研究通过不断比较（constant comparison）形成新的类属（categories），发现其各类属性（properties）与可能的关系（hypotheses）。③ 对存在较大差异的对象进行比较可以在更广泛的范围（broad range）上

---

① 参见何家弘《总序》，载刘晓丹《美国证据规则》，中国检察出版社2003年版，第9页。
② 参见丁宝同《民事诉讼审前证据交换规则研究》，厦门大学出版社2013年版，第198页。
③ Barney Glaser, Anselm Strauss, "The Discovery of Grounded Theory: Strategies for Qualitative Research", *Nursing Research*, Vol. 17, No. 4, pp. 377–380.

得到新的类属。① 北美地区可获取的司法诉讼案例数量多且详细，又与我国存在一定差异，将研究范围设定在北美地区也有利于后续研究的开展。

第三节 研究步骤与过程

在扎根理论方法研究中，数据的收集、编码、分析是同时进行的，是一个不断往复的过程。由于时间和精力等现实因素限制，本书在编码上至多涵盖三个级别，即在类属（Catgegory）、特征（Property）和维度（Dimension），具体编码次数和层级视数据分析情况和所发现的代码内容而定。

一 领域知识的学习

在研究开展前不对现有文献进行回顾，并不等于说使用扎根理论方法的研究者对所要进入研究的领域完全空白。也就是说，避免对相关文献的综述不应该成为研究者对所研究的问题缺乏基础理解的理由，相反，研究者应该带着足够的背景知识对问题展开研究。

因此，在数据收集分析开展前，对本学科电子文件管理的基本概念和功能进行了回顾，对电子证据领域涉及的法律基础知识进行了学习，这包括证据的基本概念、民刑事诉讼制度、证据使用的基本流程以及电子证据的基本特征。

二 数据追踪与编码

（一）美、加部分的数据追踪与编码

在本书中，初始数据来源包括初步探索中发现的 ARMA International

---

① Barney Glaser, *Theoretical Sensitivity-Advances in the Methodology of Grounded Theory*, p. 2.

网站上有关电子取证和法律遵从的文章和报告与书籍、赛多纳会议研究协会出版物（*Publication*）一栏中由 WG1 电子记录保管与供证和 WG7 加拿大分会发布的有关电子文件管理的报告[①]、EDRM 发布的电子取证参考模型和与该模型相关的指南和标准，以及从上述文献资料中追踪到的典型司法判例。

1. 初始数据追踪与编码

初始数据的部分来源示例见表 2-1，对相关报告的追踪包含其现有版本及所有历史版本。第一步开放性编码仅针对数据来源中与电子文件管理或电子取证相关的内容进行概念化的比较和分析。

表 2-1　　　　　　　　初始数据来源与内容示例

数据来源	数据来源示例	数据类型	年份/版本
Journal Articles	Electronic records and the law of evidence in Canada: the uniform electronic evidence act twelve years later	文章	2010
ARMA	E-Mail Retention and Archiving: Issues and Guidance for Compliance and Discovery	文章	—
ARMA	Legal Holds & Spoliation	报告	2004
ARMA	Concepts, Strategies, and Best Practices	书籍	2014
Sedona Conference	Sedona Conference Principles & Commentary on Defensible Disposition	指南	2018
Sedona Conference	The Sedona Guidelines: Best Practice Guidelines & Commentary for Managing Information & Records in the Electronic Age	指南	2004 2005 2007
Sedona Conference	The Sedona Principles: Best Practices, Recommendations & Principles for Addressing Electronic Document Production	指南	2004 2005 2007 2017
Sedona Conference	The Sedona Canada Principles Addressing Electronic Discovery	指南	2008 2015
Sedona Conference	The Sedona Conference Glossary: E-Discovery & Digital Information Management	术语表	2005 2007 2010 2018

[①] 由于本书范围限定为美国和加拿大，因此不包括 WG6 国际分组发布的报告。

续表

数据来源	数据来源示例	数据类型	年份/版本
EDRM	E-discovery Reference Model	模型	2005 2007 2009 2014
	Information Governance Reference Model	模型	—
	Glossaries	术语表	—
ARMA, Sedona Conference, EDRM	Silvestri v. General Motors Corp.	判例	2001
	Zubulake v. UBS Warburg LLC	判例	2003
	Stevenson v. Union Pac. R. R. Co.	判例	2004
	Stevens v. Toronto Police Services Board	判例	2003
	Sunderji v. Alterna Savings	判例	2010
	Moutsios c Bank of Nova Scotia	判例	2011
	HMQ (Ontario) v. Rothmans Inc	判例	2011

研究过程中，除初始数据外，还需要通过选择性采样收集其他数据。选择性抽样是指在初始数据的基础上，依照对数据观察和分析比较得到的线索继续追踪相关数据，对新获得的数据再进行比较编码，直至概念化的类属出现并达到理论性饱和。

2. 第二步数据追踪与编码

对初始数据的编码产生了两个初步发现：（1）电子证据在美国司法领域语境中被称为 ESI，在加拿大则被称为 Electronic Data，两个术语都出自诉讼法和证据法中的法律条款，这些条款在多个初始数据来源中被重复提及，这些法律条款最直接的关系体现为电子证据的认证问题，但无疑在电子文件管理与电子取证的链接中也起着重要作用；（2）电子取证（E-discovery）并非对电子证据的简单获取，而是一个包含诸多步骤的流程，涉及相关的诉讼程序和证据制度。分析还发现，只有在对电子证据规则和电子取证领域充分了解的基础上，才能更好地理解和分析初始文献中呈现的电子文件管理与电子取证间的链接关系。因此，对初始数据的编码暂时中止，转向收集其他相关数据以解答上述两类问题，即在美国和加拿大联邦层面的诉讼程序和证据规则立法中，与电子证据相关的法律条款有哪些，电子证据的认证在其中是如何体现的？电子取证究竟是什么，具有哪些特点，与 Digital Forensics 有何不同？首先，为理清中美法律中的电子证据规则，对中美诉讼法和证据法中有关证据的条款进行了编码比较和分析。其次，为了解电子取证（E-discovery）在两个国家的基本情况，分别选择了两本年份较近而内容又较为齐全的基础性入门书籍作为参考。对这部分数据的分析进一步发现 E-discovery 与另一种电子取证 digital forensics 有着密不可分的联系，于是将其中涉及 Digital Forensics 的相关数据也纳入编码范围，以获取对电子取证领域的全面理解。这一步骤追加数据的部分来源和示例见表 2-2。

表 2-2　美国、加拿大部分第二步收集数据来源与内容示例

来源：法律法规			
Committee on The Judiciary House of Representatives	Federal Courts Rules	2018-12-01	美国
Committee on The Judiciary House of Representatives	Federal Rules of Civil Procedure	2018-12-01	美国
The Minister of Justice	Canada Evidence Act	2019-02-28	加拿大
The Minister of Justice	Federal Rules of Evidence	2019-02-28	加拿大
E-discovery 相关文献			
Phillips A.	E-discovery: An Introduction to Digital Evidence	Cengage Learning	2014
Wotherspoon D., Cameron A.	Electronic Evidence and E-discovery	LexisNexis	2010
Scientific Working Group on Digital Evidence	Digital and Multimedia Evidence (Digital Forensics) as a Forensic Science Discipline	Online Report	2014
Attoe R.	Digital forensics in an eDiscovery world-as a chapter in Digital Forensics-Threatscape and Best Practices	(Syngress)	2016
…			

3. 第三步数据追踪与编码

在上一阶段新增数据源中也发现了电子文件与电子取证间的联系，

例如在美、加两本有关电子取证（E-discovery）的专著中，电子文件管理的核心功能（分类、保管期限设置和处置）分别以"Document Management"或"Information Management"的形式作为一个单独章节存在。因此本阶段汇合了初始数据源和新增数据源中呈现的电子文件管理与电子取证的联系进行继续编码，首先以电子文件管理的核心功能为出发点，结合第二步美、加电子证据规则和电子取证（E-discovery）的相关分析结果对获得的实质性代码进行进一步分析比较，抽象出最高层次的概念化类属，并尽可能地利用不断比较充实每一类属下的相关特征。为检验现阶段编码的充分性，本阶段对现有数据源中引用的、涉及电子文件管理与电子取证间联系的文献进行继续追踪，对照已有代码对再次追加的相关数据进行分析，并没有发现新的类属。这部分追加数据的部分来源和示例如表2-3所示。至此美、加部分的实质性编码结束。

表2-3　　美国、加拿大部分第三步收集数据来源与内容示例

作者	篇名	类型	年份
Canadian Lawyer	Why does e-discovery cost so much?	Online Report	2018
Davila E. M.	International E-Discovery: Navigating the Maze	Online Report	2018
Losey R. C.	E-Discovery: Current Trends and Cases	Book American Bar Association	2008
The Law Firm Information Governance Symposium	The Law Firm Information Governance Symposium	E-Discovery And Information Governance Task Force	—
Bennett, S. C.	Records Management: The Next Frontier in E-Discovery	Tex. Tech L. Rev.	2008

……

（二）中国部分的数据追踪与编码

美、加部分数据的编码、比较和分析比较完整地回答了研究构成中的伴生问题，即对美、加环境里机构电子文件管理和电子取证间的联系的存在具有解释的能力，研究过程因而在此进入中国数据部分。虽然中国以国情而言，与美、加有各式各类差异，但由于本书并非案例比较

研究,对这些差异的关注不属于扎根理论的范畴。事实上,格莱瑟曾指出比较的对象之间最好存在巨大的差异性,这样有利于快速产生概念或者类属。任何事件与事件、概念与事件、概念与概念之间都可以进行比较,关键在于研究者想要比较的角度。①

由于我国机构电子文件管理与电子取证间尚不存在直接链接,因此,理论性采样将跳过类属[2]—[3],在类属[1]—[2]和[4]—[11]的指导下展开。由于我国在电子文件管理和电子证据领域缺少像国外 ARMA、赛多纳会议研究协会、EDRM 等之类的知名研究机构,已知的一些学会(如中国档案学会、或设立在高校的各类证据研究中心)都未发布任何相关报告或标准,在其网站上也未能发现可用的公开资料,因此主要的数据来源为法律法规、学术文献和互联网法院公布的裁判文书。北大法宝是国内公认的法律数据检索系统,其学术期刊库收录了国内法学类核心期刊、优秀的非核心期刊和集刊的全文及目录,因此作为首要的法律学术论文来源,同时将人大中文学术资源发现平台作为学术著作的主要查询平台。

需要特别指出的是,为了尽可能清晰地呈现中国部分的数据收集和编码情况,本部分按照美、加部分 11 个编码的顺序分三个步骤进行陈述,但在实际研究中这三个步骤间在时间上并没有严格意义上的先后之别,例如在第一步数据追踪中对电子证据和电子取证文献的浏览中就已经预先开始留意类属[8]法律界对电子文件管理的关注,并及时进行备注,将相关数据点做整理。这种呈现方式只是为了便于将代码与代码得以产生的数据来源进行对照介绍。

1. 第一步数据追踪与编码(电子证据与取证概况)

(1)类属[1][a]、[1][b]、[5]

类属[1]电子证据的内涵实际包括两方面的内容,一是现有法律

---

① 参见 Barney Glaser, *Doing grounded theory: Issues and discussions*, Mill Valley: Sociology Press, 1998, p. 26。

中对电子证据的规定（[1][a]），二是法学界对电子证据的认识（[1][b]）。前者收集对象主要包括我国三大诉讼法及司法解释中有关证据的条款，以及两高一部（最高人民法院、最高人民检察院和公安部）发布的有关电子证据的规定。这部分对电子证据相关法律与规定的梳理如表2-4所示。

表2-4　　　　中国部分第一步数据收集来源示例（1）

发布单位	名称	版本/日期
人大常委会	合同法	1999
人大常委会	电子签名法	2004
两高一部	关于办理死刑案件审查判断证据若干问题的规定	2010
人大常委会	刑事诉讼法	2012
最高人民法院	关于适用《中华人民共和国刑事诉讼法》的解释	2012
人大常委会	民事诉讼法	2012
最高人民法院	关于适用《中华人民共和国民事诉讼法》的解释	2014
人大常委会	行政诉讼法	2014
两高一部	关于办理刑事案件收集提取和审查判断电子数据若干问题的规定	2016
最高人民法院	关于互联网法院审理案件若干问题的规定	2018

注：两高一部：最高人民法院、最高人民检察院、司法部。

[1][b]是法学界对电子证据的认识。从北大法宝期刊论文库中以"电子证据"为题名检索到98篇"电子证据"法律学术论文，并选取国内电子证据较新和较权威的专著，对其中有关电子证据的定义进行针对性编码。

表2-5　　　　中国部分第一步数据收集来源示例（2）

作者	篇名	来源	年份
蒋平、杨莉莉	电子证据	清华大学出版社	2007
汪振林	电子证据学	中国政法大学出版社	2016
常怡、王健	论电子证据的独立地位	法学论坛	2004
高秀运	检察机关应用视听资料与电子证据研究	中国刑事法杂志	2009
汪闽燕	电子证据的形成与真实性认定	法学	2017
……			

(2) 类属 [2] 和 [6]

类属 [2] 和 [6] 实际上是对电子取证概况和特点的认识，因此这一阶段的数据收集主要是对我国的电子取证情况展开。由于在我国找不到类似赛多纳会议研究协会这一类的电子取证研究机构，因此只能转而向法律文献中进行查询。同样仿照第一步在北大法宝学术期刊库中检索与电子取证[①]相关的论文，仅得到 10 条结果。由于文献量较少，转而向 CNKI 文献库的期刊论文库和硕博学位论文库进行检索，并将检索结果限制在法学领域[②]，额外得到 38 条相关结果，这些文献足以支持对我国电子取证概况和特点的认识。依照类属 [2] 对这些数据中有关电子取证内涵和数量特点的内容进行编码分析，在分析过程中，对文献中引用的电子取证专著进行继续追踪。这一部分的文献查询方法和收集示例如表 2-6 所示。

表 2-6　　　　　中国部分第一步收集数据来源示例 (3)

作者	篇名	来源	类型	年份
刘品新	电子取证的法律规制	中国法制出版社	书籍	2010
杜春鹏	电子证据取证和鉴定	中国政法大学出版社	书籍	2014
刘尊	网络电子取证技术研究	西北工业大学	学位论文	2005
赵小敏、陈庆章	计算机取证的研究现状和趋势	网络安全技术与应用	期刊论文	2003
刘品新	职务犯罪侦查信息化与电子取证	国家检察官学院学报	期刊论文	2013
谢登科	电子数据的取证主体：合法性与合技术性之间	环球法律评论	期刊论文	2018

2. 第二步数据追踪与编码（电子文件管理与电子取证产生链接的影响因素）

(1) 类属 [7]

在电子证据相关法律与规定的梳理中发现，特征 [7] [a] 民事领域的电子证据规则和 [7] [b] 证据相关条款与机构电子文件的关联点都可以从上述数据中获得。因此这一步实际并未追加新的数据，只是对

---

① 近似检索词包括"计算机取证""数据取证""（电子证据/电子数据）收集"。
② 可以通过 CNKI 文献分类目录进行控制，选择法律相关类别。

原有法律与规定中与类属［7］和［8］相关部分进行继续编码。

（2）类属［8］

类属［8］探究的是法律界对电子文件管理的认可度，这部分的数据分析分为三部分：第一部分是在已有的电子证据和电子取证学术文献中对相关点的追踪。第二部分是通过本学院与法学院的合作对该领域相关学者的著作和观点的追踪。这部分相关文献如下。第三部分是通过北京互联网法院发布的电子证据典型案例（共31个）判断其中是否涉及对机构信息记录保存的要求。

（3）类属［9］

类属［9］探究的是文件档案界通过"证据"寻求与法学界联系的情况。为探究这一类属搜集的数据包括（1）文件档案界核心学术期刊中有关证据讨论的文献；（2）文件档案界有关电子文件证据问题的著作。这部分文献的示例如表2-7所示。

表2-7　　　　　　　中国部分第二步数据追踪来源示例

作者	篇名	来源	类型	年份
刘家真	电子文件管理：电子文件与证据保留	科学出版社	书籍	2009
肖秋会、段斌斌	我国电子文件证据地位及效力立法研究	图书情报知识	期刊论文	2018
陈勇、张文茜	论电子文件证据的法律效力	浙江档案	期刊论文	2012
刘家真	电子文件与法律——电子文件的凭证性探讨之一	档案与建设	期刊论文	2000
韩伟	基于证据法的电子文件法律效力研究	中国人民大学	学位论文	2014
张钰婷	电子文件取证研究	中国人民大学	学位论文	2008
张先锋	电子文件的法律证据地位研究	安徽大学	学位论文	2007
……				

3. 第三步数据追踪与编码（电子文件管理与电子证据认证的联系）

类属［11］、［12］[①]

[①] 类属［10］是对类属7［a］的重复编码，此处忽略不计。

这两个类属涉及的是电子证据的认证问题以及两个领域内的真实性概念对接问题，前者数据主要来自第一、二步中获取的数据源，包括（1）有关电子证据的法律条款和规定；（2）与电子证据和电子取证相关的学术文献。对上述文献中有关电子证据认证的数据进行再次编码和分析；后者概念对比部分对文件档案界法规和标准的真实性和可信性概念进行了追加收集。这部分电子文件/档案法规和标准的示例如表2-8所示。

表2-8　　　　　　　　中国部分第三步数据来源示例

名称	编号	类型	年份
电子公文归档管理暂行办法	国家档案局令第14号	部门规章	2003年发布，2018年修订
电子文件管理暂行办法	中办国办厅字〔2009〕39号	部门规章	2009
机关档案管理规定	国家档案局令第13号	部门规章	2018
档案工作基本术语	DA/T 1-2000	行业标准	2000
电子文件管理系统通用功能要求	GB/T 29194-2012	国家标准	2012
电子文件归档与电子档案管理规范	GB/T 18894-2016	国家标准	2016
……			

4. 第四步数据追踪与编码

第一、二阶段完全依照美、加部分提取出的类属进行理论性抽样，所收集的数据虽已覆盖我国电子文件管理和电子取证领域的基本概况，囊括了电子文件和电子证据相关的法律法规及标准规范，但无法体现出中国领域情况的特点。因此这一阶段对我国文件档案领域与电子证据研究相关的，但在前两个阶段未涉及的学术文献进行搜集，对其中涉及电子文件与电子证据关系的数据进行编码分析。[①] 这一步骤主要是为了在数据来源上查漏补缺，同时不排除发现新类属的可能性。

三　类属与特征的浮现

美、加部分经过编码，共浮现出11个主要类属（Category）及其主

[①] 在CNKI文献库中进行全面检索，检索式为：题名=（电子文件/数字文件）+证据/凭证。

要特征，可划分为四类：（1）美、加法律环境中电子证据与电子取证情况；（2）美、加机构电子文件管理与电子取证（E-discovery）链接的体现；（3）美、加机构电子文件管理与电子取证间链接产生的影响因素；（4）电子文件管理与电子证据认证的关系。这些类属和特征分别是：

美、加法律环境中电子证据与电子取证情况：

[1] 电子证据的内涵

　　[a] 法律条款中的电子证据

　　[b] 法学界的电子证据概念

[2] 电子取证的构成

　　[a] 刑事取证（Digital Forensics）

　　[b] 民事取证（E-discovery）

　　　[i] 证据保护

　　　[ii] 证据筛查

　　[c] 民事取证与刑事取证科学的交叉融合

美、加机构电子文件管理与电子取证（E-discovery）链接的表现：

[3] 电子文件管理与电子取证（E-discovery）在流程上的高度重合

[4] 电子文件管理核心功能对电子取证有助力作用

　　[a] 文件保管期限和处置关乎电子证据毁坏与保护问题

　　[b] 电子文件管理的数量和质量控制对证据筛查的支持作用

　　[c] 电子文件管理为潜在电子取证的预先管理奠定基础

美、加机构电子文件管理与电子取证间链接产生的影响因素：

[5] 电子文件与电子证据内涵上的重合

[6] 电子取证中涉及的证据数量巨大

[7] 民事领域中电子证据与机构电子文件的联系

　　[a] 证据认证（传闻+鉴真）

　　[b] 证据收集

[8] 法律界对机构电子文件管理的认可

　　[a] 电子文件管理被视为机构的必要责任

［b］对电子文件保管期限与处置功能格外关注

　　［c］倡导信息管理/治理框架下的电子文件管理

［9］文件管理界通过电子取证向法律界寻求沟通和拓展

电子文件管理与电子证据认证的关系

［10］证据认证规则中存在与机构电子文件的关联点（重复编码［7］［a］）①

　　［a］纸质时代

　　［b］电子时代

［11］电子证据认证面临的主要挑战

　　［a］鉴真

　　［b］身份确认

［12］电子文件真实性与证据真实性的对接

　　［a］真实性保管

　　［a］可信文件

中国部分的三个步骤参照美、加部分发现的类属进行数据的收集和编码，未发现新的类属，但却在类属［7］"民事领域中电子证据与机构电子文件的联系"和［9］"文件管理界通过电子取证向法律界寻求沟通和拓展"，包括法律条款中的电子证据定位模糊（［7］）、民事诉讼中的电子证据规则不完善（［7］）、文件档案界关注证据真实性问题（［9］）、文件档案界与法学界的对接中存在障碍（［9］）。

（一）核心类属的出现与现象的解释

前两节总结了美国、加拿大和中国在各个类属和特征上的表现形式。通过不同类属和特征的对比分析可以发现美国和加拿大在类属级别上基本保持一致，但在表现特征上有所区别。我国与美、加的主要差异体现在类属［6］、［7］、［8］［a］［ii］、［8］［b］、［9］的缺失以及类

---

① 对 7［a］进行重复编码的原因是研究中发现电子证据的取证与认证是密不可分的，认证本身是电子取证的一个环节，但认证的规则又直接影响到取证的行为。

属［10］不同表现特征上，这些差异是造成我国电子文件管理与电子取证间链接缺失的主要原因，而这些区别大都可以与类属［8］产生一定联系，从而确定了类属［7］"民事领域中电子证据与机构电子文件的联系"是最为核心的类属，围绕这一类属，结合其他类属的具体特征，能够较为全面地解释我国与其他国家在电子文件管理和电子取证间的关系上存在的差异。[①]

（二）电子文件管理与电子证据使用关系梳理

在起点问题的引导下，研究过程中还对后续研究中浮现的其他问题进行了关注，包括：电子证据的内涵、电子证据的认证规则、电子证据的真实性问题等。围绕这些关注点，基本上可以描绘出电子文件管理与电子证据使用的关系。

本书的第三至第八章是对扎根研究过程和成果的详细体现。第三章展示了进入实质性领域开展研究所需的背景知识；第四章呈现了美、加部分发现的主要类属、特征及其表现；第五章描述了中国数据中呈现的新类属以及在已有类属和特征上的具体表现；第六章首先结合中、美、加的法律环境描绘了电子文件与电子证据、电子文件管理与电子证据使用的关系，之后围绕类属［10］证据认证规则中是否存在与机构电子文件的关联点对我国电子文件管理与电子取证链接的缺失进行了解释；第七章结合第四至第六章的发现为我国电子文件和电子证据的发展提供建议；第八章归纳总结了研究中的主要发现，提炼了研究中的创新点，指出了研究的不足，并对未来发展进行了展望。

---

① 详细对照情况见第六章。

第三章 进入领域：必要背景

第一节 电子文件及管理的概念内涵

一 电子文件的概念及内涵

（一）电子文件与文件/档案

从理论上讲，电子文件可以包含模拟和数字形式的信息，但绝大多数情况下是指存储在数字计算机中的信息，无论是原生还是数字化后的信息。[①]"电子文件"与"数字文件"（digital records）经常互换使用。由于电子文件在我国仍是主流表述方式，因此除特别标注外，本书采用"电子文件"的说法。我国《电子文件管理暂行办法》将电子文件定义为"机关、团体、企事业单位和其他组织在处理公务过程中，通过计算机等电子设备形成、办理、传输和存储的文字、图表、图像、音频、视频等不同形式的信息记录。"[②]《电子档案管理基本术语》[③]（DA/T 58 -

---

[①] Richard Pearce-Moses, "Glossary of Archival and Records Terminology", *Reference Reviews*, Vol. 27, No. 3, 2013, p.8.

[②] 中共中央办公厅、国务院办公厅：《电子文件管理暂行办法》（中办国办厅字〔2009〕39号），2009年。

[③] 国家质量监督检验检疫总局、国家标准化管理委员会：《电子档案管理基本术语：DA/T 58 -2014》，中国标准出版社2014年版，第4页。

2014）和《电子文件归档与电子档案管理规范》①（GB/T 18894－2016）基本继承了这一说法。一些学者认为，如果从基本定义的角度出发，电子文件首先是文件，要符合文件的基本要求。②研究电子文件应该从研究文件开始。③但20世纪80年代末90年代初"电子文件"的说法刚刚进入我国时，我国尚未有成形的"文件"概念和文件管理实践。为了适应社会和科技的发展，该时期的部分学者借鉴了国外"文件"的界定方式，文件在内涵上超越了传统"公文"或"文书"的概念。④我国《档案工作基本术语》⑤（DA/T 1－2000）将"文件"定义为"国家机构、社会组织或个人在履行其法定职责或处理事务中形成的各种形式的信息记录"，《机关文件材料归档范围和文书档案保管期限规定》⑥和《企业文件材料归档范围和档案保管期限规定》⑦则采用了"文件材料"的说法，指机关或企业在"活动过程中形成的各种门类和载体的记录"。电子文件归档后被称作电子档案，电子档案是指"具有凭证、查考和保存价值并归档保存的电子文件"⑧。在本书中为表述方便，统一采用"电子文件"的说法，只在特别强调"归档"后的电子文件时使用"电子档案"一词。

电子文件在英文中一般表述为"electronic records"。美国《联邦法规集》第36部第12章NARA的B子章文件管理将"电子文件"定义为

---

① 国家质量监督检验检疫总局、国家标准化管理委员会：《电子文件归档与电子档案管理规范：GB/T 18894－2016》，中国标准出版社2016年版，第2页。

② 冯惠玲：《认识电子文件〈拥有新记忆——电子文件管理研究〉摘要之一》，《档案学通讯》1998年第1期。

③ 丁海斌：《电子文件与电子档案管理》，辽宁大学出版社2000年版，第31页。

④ 何嘉荪：《论电子文件的生命周期》，《浙江大学学报》（人文社会科学版）2001年第4期。

⑤ 国家质量监督检验检疫总局、国家标准化管理委员会：《档案工作基本术语：DA/T 1－2000》，中国标准出版社2000年版，第1页。

⑥ 国家档案局：《机关文件材料归档范围和文书档案保管期限规定》（国家档案局第8号令），2006年。

⑦ 国家档案局：《企业文件材料归档范围和档案保管期限规定》（国家档案局第10号令），2016年。

⑧ 国家质量监督检验检疫总局、国家标准化管理委员会：《电子档案管理基本术语：DA/T 58－2014》，中国标准出版社2014年版，第4页。

"符合联邦文件（records）定义的、其记载形式仅能由计算机处理的信息"①。而"联邦文件"由《联邦文件法》（汇编于联邦法律集第 44 部第 29 章）界定，指"联邦机构在遵从法律规定或处理公共事务的过程中制作或接收的，作为其机构组织、职能、政策、决定、程序、运作或其他美国政府活动凭证或是基于文件中所含数据的信息价值而被该机构或其合法接替机构保存或已划定为需要保存的所有被记载的信息，不计其形式或特征。"② 相比美国，"电子文件"一词在加拿大联邦政府法律法规中没有正式的定义③，而是蕴含在"文件"这个上位概念"不计其介质或形式"的表述中。"文件"的定义有两种：在《加拿大图书馆与档案馆法》中文件被定义为"除出版物之外的任何记录性材料，不计其介质或形式"；而在《信息管理政策》（Policy on Information Management）及其下位法《文件管理指令》（Directive on Recordkeeping）中，文件作为政府信息管理框架下信息资源的组成部分，被限定为"机构或个人为自身运作、遵从法律要求或二者兼具的原因而产生、接收并加以维护的信息，不计其介质或形式"。信息资源则指"不计其交流来源、信息格式、产出模式或者记载媒介的任何出版或未出版的记录性材料"。前者是在图书与档案的联合环境中提出的，是区别于图书出版领域而言的。后者是在信息管理的框架下提出的，是区别于记录性材料而言的，更具有代表性。

总结而言，从各种法律法规所构成的概念体系来看，美国和加拿大的电子文件的概念和特征都承袭于"文件"，"电子"体现的是文件的一种形式或介质载体方式。而"文件"被界定为机构（或个人）在活动中形成并由其所具有的价值而"加以保护（维护）"的信息。但不同

---

① Legal Information Institute, "36 CFR Chapter XII", August 29, 2018, https://www.law.cornell.edu/cfr/text/36/chapter-XII.

② Legal Information Institute, "44 USC Chapter 33, Disposal of Records", August 29, 2018, https://www.law.cornell.edu/uscode/text/44/chapter-33.

③ 《文件管理指令》中出现过"电子文件"（electronic records）一词，但被解释为"电子邮件、数据库、互联网、局域网和数据等"的信息资源，与"文本书件"（textual records，包括备忘录、报告、发票、合同等）并行使用，并非 record 的电子形式。

的是,加拿大的文件在信息管理的框架下是作为"信息资源"的一部分存在的,而美国的"文件"在概念和管理中都更为独立。中国的电子文件在逻辑上虽同样源自于广义的"文件"或者"文件材料",但由于我国早期广义"文件"概念的缺席而成为一个独立存在的词汇,直接被定义为广泛意义上的机构或个人活动中形成的"数字格式的信息记录"。但"具有凭证、查考和保存价值"的一部分电子文件会被进行归档保存,保存后被称作"电子档案"。当然,概念的界定方式和逻辑关系不同,相应地各国的管理理念和实践也会有所差别。

然而除却概念界定和历史渊源上的不同,从内涵上看各国的电子文件在本质上都是相同的,具体体现为以下三点:(1)电子文件是文件的电子形式,是可由计算机处理的数字信息;(2)电子文件是在活动中产生的,对机构而言是业务运作的附带产物;(3)电子文件可以作为凭证,是有参考价值的信息。

(二) 电子文件的构成

电子文件是活动的完整的信息记录,包括内容信息、结构信息和背景信息。[①] 根据《电子档案管理基本术语》,结构包括逻辑结构和物理结构。逻辑结构描述的是信息单元之间的关系,比如章节构成;物理结构是指文件在载体中的存储位置和文件的格式。[②] 背景则通常包括行政、来源、业务流程以及技术背景等。

加拿大国际电子文件研究项目"电子系统中文件真实性永久保障国际合作项目"(简称 InterPARES)的档案—文件身份鉴定学模板也提出了合格电子文件所应具备的要素[③],包括:(1)固定的内容和成文形式;

[①] 冯惠玲:《电子文件管理 300 问》,中国人民大学出版社 2014 年版,第 20 页。

[②] 国家质量监督检验检疫总局、国家标准化管理委员会:《档案工作基本术语:DA/T 1-2000》,中国标准出版社 2000 年版,第 2—3 页。

[③] Luciana Duranti and Randy Preston, eds., International Research On Permanent Authentic Records In Electronic Systems (Interpares) 2: Experiential, Interactive and Dynamic Records, Padova: CLEUP, 2008, p. 216.

(2）参与机构或个体发起的行动；(3）具备档案联；(4）具备文件形成人员，包括作者、著者、接收者、拥有者和网络地址提供者；(5）具备五个可识别环境，即包括司法—行政环境，来源环境、程序环境、记录环境和技术环境。后续研究还对互动数字环境下形成的动态文件的构成特点进行了补充，指出此类文件可以"在快速变化和更新的环境中保持相对的内容稳定，限制成文形式的变异"①。

二 电子文件管理的概念及发展

（一）电子文件管理的概念

在美国，电子文件管理是在传统文件管理理论与实践中发展起来的，电子文件管理是文件管理的一部分，而文件管理是指"以达到准确且妥当地记录联邦政府的政策制定和业务运作以及有效地、经济地管理联邦机构运作为目的而进行的规划、控制、指导、组织、培训、提倡以及其他与文件（records）生成、维护和使用、处置等密切相关的管理和控制活动。"② 同样地，加拿大《文件管理指令》也有类似文件管理（recordkeeping）的概念，是指"信息资源③作为重要业务资产或知识资源的生成、接收、捕获和管理的责任框架"。而在我国现有法律规定中没有"电子文件管理"或者"文件管理"的概念，唯一能够有所关联的是行业标准《电子档案管理基本术语》中的"全程管理"的说法，是指"对电子文件形成、办理、归档以及电子档案维护、利用和最终处置（销毁或永久保存）全过程进行的控制。"④ 所以从理论层面上来看

---

① 谢丽：《文件的概念及其在数字环境中的演变：InterPARES 观点》，《档案学通讯》2012 年第 3 期。

② Legal Information Institute, "44 USC Chapter 29, Disposal of Records", August 29, 2018, https://www.law.cornell.edu/uscode/text/44/chapter-29.

③ 前文提到在加拿大文件是信息资源的一个子集，这里的信息资源指的是各种形式的记录性材料（documentary material）。

④ 国家质量监督检验检疫总局、国家标准化管理委员会：《电子档案管理基本术语：DA/T 58-2014》，中国标准出版社 2014 年版，第 4 页。

我国电子文件管理的概念内涵与美国基本一致。但管理实践中对电子文件的控制是从"归档"（即业务办毕后）开始的，归档后的电子文件统称为"电子档案"，其管理称为"电子档案管理"。为便于表述，本书统一采用"电子文件管理"的说法，本书中的管理涵盖文件从生成到处置的整个生命周期。

（二）我国电子文件管理发展与现状

我国电子文件管理至今已有 30 年的历史。从 1988 年《档案学通讯》刊登第一篇关于电子文件的译作开始到 2000 年左右，是我国电子文件管理的起步发展期。[①] 1996 年 9 月第十三届国际档案大会在北京召开，会议上美国戴维·比尔曼、加拿大库克等人提出了"虚拟档案""后保管时代"等概念，我国档案界开始认真审视电子文件这一新生事物对档案学科和档案管理的影响。同年国家档案局成立了电子文件归档与电子档案管理研究领导小组，开启了电子文件的理论研究与实践探索。冯惠玲教授 1997 年的博士学位论文《拥有新记忆——电子文件管理研究》是我国最早系统性研究电子文件管理的成果。由于当时电子文件对我国档案界而言尚是一个新领域，这一时期集中出现了一批关于电子文件基础理论的著作，重点在核心概念的讨论和对电子文件各个管理环节的阐释，例如刘家真的《电子文件管理导论》、国家档案局的《电子文件归档与电子档案管理概论》、丁海斌的《电子文件与电子档案管理》等。与此同时，我国学者引入了不少国外文件管理的理论，包括生命周期理论、连续体理论、前端控制思想等，并围绕这些理论在我国的适应性进行了讨论。然而，尽管这一时期我国基本构建起了较为全面的电子文件管理研究体系，但由于体制机制和其他各方面原因，政府和企业内的电子文件管理实践仍十分局限。

2001 年，国家信息化领导小组成立，电子政务和信息化建设成为我

---

① 徐欣：《我国 20 年来电子文件管理的实践探索与理论研究及其发展趋势》，《档案学通讯》2009 年第 1 期。

国电子文件管理的新机遇。我国先后颁布了《电子文件归档与管理规范》《电子公文归档管理暂行办法》等标准规范。2004年8月《电子签名法》实施,被部分学者认定为电子文件法律地位得到认可的重要标志。2006年以来很多地区如安徽、江苏等地开始建设基于电子政务专网的电子文件中心,开始了电子文件由分散到集中管理的转变。关于电子文件中心的集中管理模式研究成为一时热点。其他围绕电子文件管理的学术议题也十分丰富:管理流程重组、前端控制与全程管理、电子文件管理模式等相关讨论激烈。从基础理论到系统设计与技术应用,从战略到战术,我国电子文件管理领域不断扩展,研究对象更加多样化。然而,尽管这一时期的理论争论空前兴盛,实践现状却不容乐观。制度规范缺乏、电子文件管理系统功能不完善、电子文件质量难以保障等诸多问题仍然显著。理论研究成果难以转化,实践操作也难以从理论研究寻找借鉴。我国电子文件管理的发展需要新的突破和思考。

2006年以后,我国开始进入电子文件国家战略研究的新阶段。2009年中共中央办公厅、国务院办公厅印发《电子文件管理暂行办法》,2010年建立了由中共中央办公厅牵头的国家电子文件管理部际联席会议制度,开启了电子文件管理统筹规划、协调推进的新阶段。[①] 近几年来风险管理和安全保障成为我国电子文件研究领域的新动向,标准体系和安全保障的研究热度不减。同时随着数字时代电子文件影响力的日益扩大,一些学者提出应将电子文件正式纳入法律体系,进一步体现电子证据的法律地位和法律效力的建议,如刘军的《关于在档案法中增加电子文件立法的思考》等。近几年来"互联网+"、电子政务云和社交媒体的概念在我国迅速兴起,新技术环境中的管理问题成为学界的关注热点。

总结而言,我国电子文件和管理的概念内涵与国外基本一致,研究方向和发展趋势也基本相同。但同时也应看到,我国电子文件和管理的

---

① 电子文件管理研究中心:《从双轨到单轨 打通"最后一公里"第九届中国电子文件管理论坛在京召开》,http://erm.ruc.edu.cn/index.php?a=newscon&id=325&twoid=436。

理论根源与欧美国家确实有所不同①，在实践上电子文件管理的机制和流程起点也有所差异。

(三) 国外电子文件管理的发展与现状

国外对电子文件的研究可追溯到早期的"机读文件"（Machine-Readable Records）②，20 世纪 80 年代末"电子文件"一词才开始流行起来③。美国国家档案馆（即当时的 National Archives and Records Service，下设在美国总务管理局）在 1966 年就已设立机读文件处置委员会（Committe on Disposition of Machine-Readable Records），将机读文件纳入当时的文件管理框架之中，1974 年正式成立机读文件档案分区（Machine-Readable Archives Division），后升级为分部（Branch）④。该时期文件和档案管理前沿领域的一批实践者和学者，如 Robert Bahmer, Peter Brown, Charles Dollar 和 Harold Naugler 等人对机读文件的发展和研究做出了很大的贡献，为早期电子文件的发展奠定了基础。80 年代中后期，个人电脑进入市场，计算机技术开始各行各业普及，文件管理工作在现代业务环境中的作用日益突出，"电子文件"一词开始流行，并逐步取代"机读档案"。1988 年 NARA 正式将机读文件档案分部改为电子文件中心（Center for Electronic Records）。欧美国家沿用了传统纸质文件的管理原则，以机读档案数据库为基础，开发电子文件管理系统。早期各国一些实力较强的研究机构依托自身资源，开展了大量电子文件管理的相关研究，例如 1993 年美国匹兹堡大学的"文件管理凭证性功能要求"项目，1994 年加拿大 Luciana Duranti 等针对电子信息系统中的现行文件（active records）开展的 UBC 项目等。UBC 项目在 1995 年与美国国防部

---

① 陶碧云：《中美两国电子文件管理之区别》，《上海档案》1999 年第 5 期。
② 冯惠玲：《认识电子文件〈拥有新记忆——电子文件管理研究〉摘要之一》，《档案学通讯》1998 年第 1 期。
③ 丁海斌：《电子文件与电子档案管理》，辽宁大学出版社 2000 年版，第 10 页。
④ Thomas E. Brown, "History of NARA's Custodial Program for Electronic Records: From the Data Archives Staff to the Center for Electronic Records, 1968 – 1998", in Bruce I. Ambacher ed., *Thirty Years of Electronic Records*, Washington, D. C.: Rowman & Littlefield, 2003, pp. 1 – 24.

开始合作，其成果之一就是 1997 年颁布的 DoD5015.2《电子文件管理软件设计评价标准》。其他早期研究还包括国际档案大会（ICA）1994 和 1995 年开展的电子文件调查项目、印第安纳大学的电子文件项目以及 InterPARES 一期项目等。这些项目对电子文件区别于纸质文件的特性以及管理问题进行了深入讨论。

  2000 年前后围绕电子文件及其管理的理论研究全面展开，不仅有经典文件管理理论或方法在电子环境中的重新阐释，还有"后保管""文件连续体理论"等理论的创新；不仅有法律法规、标准与最佳实践等宏观视角的论述，也有元数据管理、管理系统、成本控制、信息安全与风险、相关信息技术与环境等微观视角的话题。电子文件管理的对象也不断多元化，从最初的磁带、磁盘光盘到数字图像、电子邮件、多媒体/超媒体文件甚至网页，可谓"不计其载体与形式"。各类大型研究和实践项目层出不穷，有加拿大 1999 年开始持续数期的 InterPARES 项目、英国诺森比亚大学的 AC＋ERM 项目、美国康奈尔大学的 PRISM 项目、NARA 推出的 ERA 电子项目、澳大利亚和新西兰的 ADRI 项目等。这一阶段的电子文件元数据和标准化研究也取得了显著成绩。国际标准化组织于 2001 年发布 ISO15489 电子文件管理标准，同年欧盟发布《电子文件管理通用需求》（MoReq1）。基于 XML 的档案元数据标准 EAD 和开放档案信息系统模型 OAIS 也在这一时期出台并在欧美得到了广泛应用。

  2005 年以来，欧美发达国家开始将电子文件管理提高到国家战略的高度，先后采取一系列政策措施推动政府电子文件和信息管理。电子文件管理成为各国电子政务背景下的主要组成部分，在越来越多的国家中已经上升为战略层面综合管理举措，包括数字连续体策略、行动计划、法律遵从性要求、审理框架和风险管理等。① 此外随着大数据、云计算和社交媒体的兴起，网络云环境中的电子文件及其管理也成为目前电子

---

① 安小米、张维、孙舒扬：《电子文件管理的国际进展、发展趋势与未来方向》，《档案学研究》2012 年第 3 期。

文件管理领域的研究热点，例如 InterPARES 项目第四期就是围绕线上文件（online records）与信任关系构建展开的研究。

第二节　机构内的电子文件管理

一　文件运动规律与机构电子文件管理

美国档案学者威利斯、托马斯等人在《文件管理：综合信息系统》一书中认为文件管理是"对文件生命周期——从其产生到最后销毁或永久保存整个过程的系统控制"，该书将文件的生命周期划分为以下八个阶段（见图 3-1）。

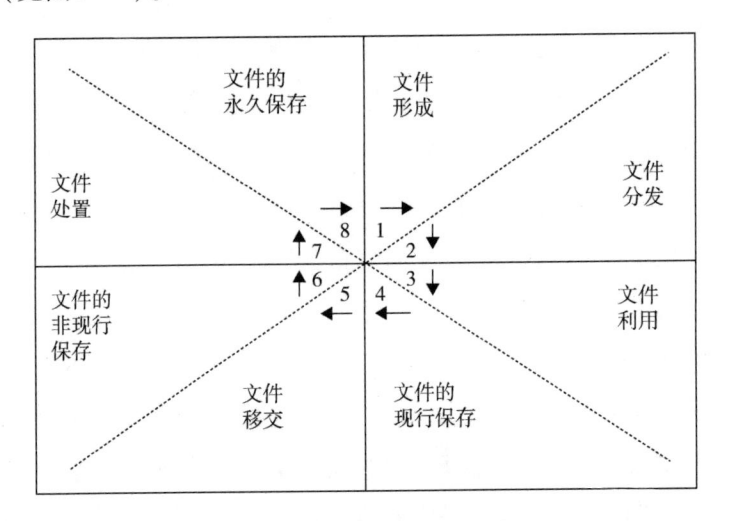

图 3-1　文件的生命周期阶段

我国《电子文件管理系统通用功能要求》则从系统的角度对电子文件管理进行了阐述。[①] 根据该要求，电子文件生命周期中一般存在三种系统，即业务系统、电子文件管理系统和电子文件长期保存系统。机构通常

[①] 国家质量监督检验检疫总局、国家标准化管理委员会：《电子文件管理系统通用功能要求：GB/T 29194-2012》，中国标准出版社 2012 年版。

部署的是业务系统和电子文件管理系统,电子文件管理系统可以相对独立地实施,也可以与业务系统或(和)电子文件长期保存系统集成实施。

根据上述观点,结合文件的定义及管理实践,机构产生的文件在整个生命周期内的运动规律大致如图3-2所示。

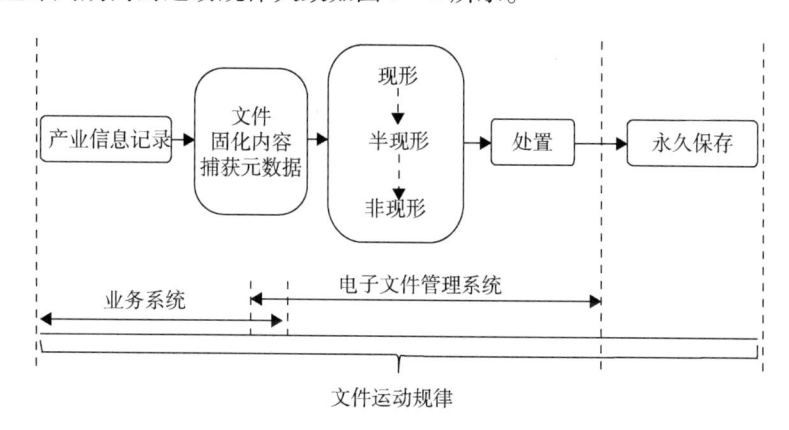

```
产业信息记录 → 文件固化内容捕获元数据 → 现形/半现形/非现形 → 处置 → 永久保存
   业务系统        电子文件管理系统
              文件运动规律
```

图3-2 机构电子文件运动规律

本部分的目的是探索机构电子文件管理与电子取证的关系,因此本节对电子文件核心功能的梳理应该聚焦在机构,即"文件形成单位"内电子文件管理的核心功能。由于"永久保存"的文件通常具有重要的历史价值和社会意义,其主要作用并不是服务于机构的业务运作,因此本节的"机构电子文件管理"所指的文件管理活动以文件处置为分界线,不关注文件的长期保存问题,即便该文件可能仍处于机构的管理之下,如高校校史馆或企业历史展览馆中的文件。

机构对电子文件进行管理通常通过实施独立的电子文件管理系统实现,因此,电子文件管理系统功能体现的应该是机构电子文件管理的核心功能。一直以来电子文件管理系统功能及其要求都是各国电子文件管理重视的话题。[①] 很多国家和地区都制定了电子文件管理功能要求规范,比较典型的有:欧盟委员会《电子文件管理范例要求的更新与拓展》

---

① 钱毅:《〈电子文件管理系统通用功能要求〉(GB/T 29194)解读》,《北京档案》2018年第6期。

（范例要求 2，规范）（2008 年）、美国国防部《电子文件管理系统设计评价标准》（即 DoD 5015.2 - STD 2007 年）、澳大利亚国家档案馆《电子文件/档案管理系统软件功能规范》、我国的《电子文件管理系统通用功能要求》（即 GB/T 29194 2012 年）、国际标准化组织《信息与文献电子办公环境中文件/档案管理原则与功能要求》（即 ISO 16175 系列，第一部分 2016 年；第二部分 2011 年；第三部分 2010 年）。本部分最终选择了 ISO 16175《信息与文献 电子办公环境中文件管理原则与功能要求》系列标准作为梳理机构电子文件管理核心功能的模板，主要出于以下三个原因：（1）ISO 16175 是机构业务环境中电子文件管理的国际通用原则和要求，打破了现有的各种不同版本的电子文件功能要求和规范之间的壁垒，实现了跨司法管辖区域间电子文件管理功能要求的衔接，为全球文件、档案、信息管理界提供了统一的话语体系。[①]（2）ISO 16175 相对其他标准规范的制定时间而言年代更近，ISO 16175 第一部分于 2016 年刚刚更新，综合参考了已有的各种标准规范。（3）ISO 16175 在美国和我国都具有一定影响力。在美国尽管 DoD 5015.2 - STD 有 NARA 为其长年背书，但由于该标准本是为美国国防部所设计，有着严格烦琐的操作程序和要求，加之年代较久，在电子文件管理行业中的地位不比从前[②]。而 ISO 16175 作为国际标准广为人知，且在制定过程中全面参考了美国境内现有的知名标准规范，包括前文提到的 DoD 5015.2 - STD、印第安纳大学《电子文件/档案管理系统功能要求》（2002 年）、维多利亚州档案馆《维多利亚州档案馆电子文件/档案管理标准》（第二版 2003 年）、美国国家档案与文件署《文件/档案管理服务的功能要求与特性》（2005

---

① International Organization for Standardization, "Information and documentation. Principles and functional requirements for records in electronic office environments. Part 1: Overview and statement of principles: ISO 16175 - 1: 2010", January 1, 2019, https: //www.iso.org/standard/55790.html.

② Don Lueders, "On Why I No Longer Support the DoD 5015.2 Standard", May 27, 2013, http://community.aiim.org/blogs/don - lueders% 20crm% 20cdia/2013/05/27/on-why-i-no-longer-support-the-dod - 5015.2 - standard.

年)。ISO 16175 在我国也很有影响力。2017 年 ISO 16175 被我国正式采标为 GB/T 34840，我国《电子文件管理系统通用功能要求》在制定过程中也参考了 ISO 16175 标准的内容（其前身是国际档案理事会 ICA 制定的《电子文件办公环境中的文件管理原则与功能需求规范》）[①]。在梳理过程中，本书参考了我国 GB/T 34840：2-2017[②] 和 GB/T 34840：3-2017[③] 的翻译内容。

二 机构管理框架下的电子文件特点

机构文件管理框架下的电子文件具有固化的内容和完整的元数据，且多以文件组合，即文件聚合体的形式被给予管理。

文件管理框架下文件的一个显著特点就是其内容及其与业务背景的关系以固化的形式存在。内容固化通过捕获动作完成，也就是利用元数据在文件的捕获点上对文件进行定义，确保"文件内容、结构和生成背景在时间上和空间上能够得以固化"。因此从电子文件管理的角度，只有那些被元数据界定了关键特征的文件才是真实有效的文件。

文件由内容、结构和背景构成。元数据是指用于自始至终地描述文件的内容、结构、背景及其管理过程的数据。元数据是文件的重要构成部分，文件管理通过元数据建立对文件的管理控制。

组件是构成数字文件的组成部分，其种类多种多样，可以是一个数字对象（比如一份数字文档），或者是一个数据元素（比如，数据库中的一个单元格，或者一行）。一份文件可以由一个或多个相关联的文件组件组成。具有多于一个组件或者多个数字文件对象的数字文件（例如

[①] 钱毅：《电子文件管理系统功能需求规范定位研究》，《北京档案》2011 年第 4 期。

[②] 国家质量监督检验检疫总局、国家标准化管理委员会：《信息与文献 电子办公环境中文件管理原则与功能要求 第 2 部分：数字文件管理系统指南与功能要求：GB/T 34840.2-2017》，中国标准出版社 2017 年版。

[③] 国家质量监督检验检疫总局、国家标准化管理委员会：《信息与文献 电子办公环境中文件管理原则与功能要求 第 3 部分：业务系统中文件管理指南与功能要求：GB/T 34840.2-2017》，中国标准出版社 2017 年版。

一份有动态链接的图表和电子表格的大型技术报告）被称为"复合文件"。数字文件聚合体是指若干相关联的数字文件实体的组合，比单个数字文件高一个层级，例如案卷、卷夹等，在不同国家和地区的划分方式和名称可能会有所区别。

一般来说，在典型的文件管理框架中，文件是以集合的形式被管理的。这种集合就体现为文件聚合体。文件聚合体代表了相关数字文件与其生成的系统或环境之间所存在的关系，反映了相关数字文件之间的相互关系。某一特定文件聚合体中的数字文件之间关系的性质各不相同，这取决于诸如文件的用途和结构、文件本身的内容和格式等因素。这些文件聚合体可能存在于不止一个层级，并且在不同的聚合体内可具有多重关系。聚合体可以具有规范的、结构化的关系（比如，数字案卷中包含若干相互关联的数字文档这类关系），也可以是在文件聚合体相关文件之间采用非规范的元数据关系即通过建立链接来识别文件之间的关系。

三　机构电子文件管理的核心功能

业务信息系统是指生成和管理有关某一机构活动数据的自动化系统，其主要作用在于为机构部门与客户之间的事务处理提供便利，例如电子商务系统等。机构可以通过以下三种模式实现对电子文件的管理：（1）使用执行内部电子文件管理功能的业务系统；（2）将业务系统与专门的电子文件管理系统整合使用；（3）实施独立的电子文件管理系统，在业务系统中设计专门的功能，以便将文件以及元数据导出。无论是哪一种模式，其关键在于管理的核心功能是否得到实现。

换句话说，电子文件管理实施的核心在于功能的实现，而不在于采用何种系统方案。但同时应承认，对那些支持高度结构化且界定明确的业务活动的系统而言，纳入文件管理功能具有更大的可能性。而在业务规程缺乏的环境中，机构员工在信息的生成、保存和处置上高度自主，这种情况下生成的文件多为电子邮件、字处理、电子表格和图像应用软件等生成的非结构化信息，实施独立的电子文件管理系统可以保障管理功能的全面和高效实现。本节对管理核心功能的梳理主要参考了 ISO 16175 第二部分"数字文件管理系统指南与功能要求"和第三部分"业务系统中文件管理指南与功能要求",将第三部分也纳入考虑主要是为了更好地辨别出电子文件管理中高层面上的、基础性的核心功能模块。在此基础上,对独立电子文件管理系统可以实现的附加功能进行了拓展介绍。

(一) 文件分类、保管期限设置和处置

在机构管理框架下,信息是以文件聚合体的形式被予以管理的。文件管理通过元数据建立对文件及其聚合体的控制。文件元数据在文件的生成点被捕获,并在管理过程中"对文件及与其形成、管理、维护和使用相关的人员、过程和系统进行标识"。同时,若在其他业务或使用环境中对文件内容进行了新的操作或使用,会在元数据中持续增添那些与文件管理、文件利用所处的业务流程有关的背景信息,以及有关文件结构变化或外观变化的信息。对元数据的管理和控制一直贯穿文件的整个生命周期。

文件分类、保管期限设置和处置是电子文件管理流程中的三个核心环节。[①] 文件分类方案通常是一个层级式的分类工具,它规定了文件归类或聚合的方式,并将文件与其生成或流转的业务背景相关联。通过对文件进行分类,能使文件的管理流程得以快速、高效地进行。最常见的分类方案有两种:基于主题的分类方案和基于职能的分类方案。其中基于职能的分类方案针对机构特有的业务职能和活动分析,将文件划分为"业务职能""业务活动"和"事务"三个层级,相比主题分类方案更加灵活,对文件的留存和处置也更加容易。保管处置期限表应用于所有的文件聚合体或文件类型,规定了其在机构内的保存时间和处置操作。保管处置期限表支持从最少一个月到无限期的保管期限,并包含

[①] Sherry L. Xie, "Retention in 'the right to be forgotten' scenario: a records management examination", *Records Management Journal*, Vol. 26, Iss. 3, 2016, pp. 279-292.

以下处置结果：（1）无期限保存；（2）在将来某个日期予以审核；（3）在将来某个日期予以销毁；（4）在将来某个日期进行移交。保管期满时，机构对要面临处置行为的数字聚合体及其文件管理元数据进行审核，并在过程元数据中对"移交"或"销毁"的处置操作进行全面记录。

（二）独立电子文件管理系统中的功能与要求

实施独立的文件管理系统可以更好地处理电子邮件、字处理、电子表格等非结构化信息。除此以外，电子文件管理系统还具有其他各种优势，以下仅列举一些主要功能点（见表3-1）。

表3-1　　　　　独立电子文件管理系统的其他功能点

	主要部分	支持功能
通过元数据对文件聚合体进行管理控制，贯穿文件管理的整个流程	生成	捕获
		识别符
		分类
	维护	安全控制
		记录流程元数据
		保管与处置
	传播利用	查询
		检索
		呈现
	系统管理	管理系统参数 元数据管理 备份和恢复数据 生成系统报告等

（1）生成

文件格式：能够处理多种多样的格式，包括普通的应用软件格式和常用的、针对特定业务的格式。数字文件/档案管理系统应该支持捕获由常用软件程序以原生文件格式生成的文件，能够扩展所支持的文件格式范围，比如为业务目的或档案保存而引进的新文件格式（例如：PDF/PDA）。

识别符：赋予每一份文件及其关联的聚合体一个唯一的识别符并始终与之关联，以确认其在系统中的存在，方便用户查找文件、区分不同的版本。

批量导入导出：支持文件批量导入、导出以及与其他系统或者与现有数字文件管理系统更新版本间的互操作。

（2）维护

安全控制：对文件以及不同层级聚合体进行访问控制，并划定安全级别。

（3）传播利用

查询：支持对文件、聚合体或文件管理元数据进行查找。

检索：支持对所有文件和聚合体的文件管理元数据和文件的文本内容进行检索；支持通过所有以采用的命名规则对某一数字聚合体进行检索呈现，包括题名或识别符。支持在数据聚合体内或跨聚合体之间进行搜索；对分类方法所有层级具有综合的检索功能。支持通配符、布尔逻辑、通配符检索、临近词检索、基于主题词表的概念等功能。

呈现：支持显示屏或硬拷贝的呈现形式。支持呈现节录文件或文件摘录。节录文件是原文件的拷贝，但其中的一些敏感内容已被移除或永久屏蔽（节录）。当整个文件不能解除利用限制，但部分文件内容可以时，则生成摘录。

（4）系统管理

元数据管理：支持对元数据方案的管理，包括元数据元素的生成、添加、删除或更改，以及用于元数据元素的语义语法规则和责任等级状态。

备份和恢复：对文件及文件管理元数据定期备份。若文件因系统故障、意外事件或安全漏洞而丢失，可借助备份迅速恢复和还原。

第三节　证据的概念内涵

证据的概念有广狭义之分①。广义上的证据包括司法诉讼过程中所有可能涉及的证据材料。例如，我国《刑事诉讼法》第50条规定"可以用于证明案件事实的材料，都是证据。"② 在美国和加拿大法律中，这一特点是通过关联性（relevance）体现的。如果某事物能够"使得待证事实更加具有确定性，或者对于决定某一行为具有意义"，就是相关证据③。也就是说，广义的证据包括与案件事实存在联系的一切事物或材料，是证明案件的事实存在与否的根据。无论这一"根据"是真是假、是否被法庭采信，它都是证据。④

狭义上的证据是指通过各类规则审查，最终被法庭接受并作为认定案件事实依据的证据。我国刑事、民事和行政诉讼法都规定"证据必须经过查证属实，才能作为定案的根据"。在我国狭义的证据，应具备关联性、合法性和真实性，首先应与案件事实存在联系（关联性），符合法律规定形式、按照法定程序收集（合法性），并且在法庭上经过主被告之间的互相质证（真实性），才能成为认定事实的依据。在美国和加拿大，证据首先需要符合由各种规则构建起来的"可采性"（admissibility）要求（例如非法排除规则、鉴真规则等）才能进入法庭，在陪审团和法官面前经过双方律师的现场质证（cross-examination），最终发挥作用。由此看来，从广义的证据材料到狭义的证据，是一个对证据材料识

---

① 蒋平、杨莉莉：《电子证据》，清华大学出版社2007年版，第4页。
② 全国人民代表大会常务委员会：《中华人民共和国刑事诉讼法》（最新修订中华人民共和国主席令第10号），2018年。
③ Committee on The Judiciary House of Representatives, "Federal Rules of Evidence", December 1, 2018, http://uscode.house.gov/view.xhtml?path=/prelim@title28/title28a/node218&edition=prelim.
④ 何家弘、刘品新：《证据法学》，法律出版社2011年版，第26页。

别、把握和筛选的过程，实际上一定程度上也是对证据进行认证的过程。

第四节　证据使用的法律程序

无论何种形式的证据在司法诉讼的使用过程中都必须遵守一定的法律程序，大致可分为证据的收集（取证）、质证和认证三个环节。证据收集是指诉讼参与人为了支持自己提出的主张或者反驳对方主张而提取固定证据的行为。[1] 质证（cross-examination）是指当事人双方在法庭互相出示证据并进行对质核实，以确认证据的证明力的活动。[2] 证据的认证是指确认证据材料有无证据能力以及证据力大小强弱的活动。[3] 由于语言表达、法律体系和司法实践上的差异，以上环节涉及的法律术语和表现形式因国家而异。我国与美国和加拿大的主要差异体现在证据收集和认证环节，尤其是民事领域的证据收集部分。

一　证据收集/取证

为保证当事人能够收集到进行诉讼所必需的证据，各国法律都规定了当事人收集证据的手段和程序。

（一）美、加证据收集程序

在美国和加拿大无论是在刑事诉讼还是民事诉讼中，都存在着证据收集的重要程序 Discovery。Discovery 在我国法律文献中通常被称为"证据开示"，是指一方诉讼当事人要求对方对诉讼相关的信息进行强制性披露。证据开示通常在审判前进行以揭露案件事实、促进证据收集，但现代诉讼规则将证据开示的应用范围由审前拓展到整个诉讼过程，防止

---

[1] 郭小冬、姜建兴：《民事诉讼中的证据和证明》，厦门大学出版社2009年版，第135页。
[2] 宋朝武：《民事证据法学》，高等教育出版社2003年版，第199页。
[3] 何家弘：《新编证据法学》，法律出版社2000年版，第423页。

当事人之间进行证据突袭。证据开示可以帮助诉讼双方更好地了解案件情况，排除没有严重争议的问题以明确争议焦点；确保所有相关证据均已开示，法庭判决能够准确地反映事实状况；在未进入正式审判阶段前充分暴露没有根据的指控。刑事诉讼和民事诉讼中的证据开示作用并不完全相同。刑事诉讼中证据开示是指检方与被告之间有对等的互相开示的义务，其主要目的是确保被告对案件有充分的知情权，能够对检方的指控进行答复和辩护；[1] 民事诉讼中的证据开示是当事人从对方或第三方处直接获得证言、记录以及其他证据的主要手段。在证据开示制度下，证据的收集责任完全由当事人承担，法官对证据资料收集采取的是消极、超脱的态度。[2] 法院通常不会直接主导证据开示程序，而是仅在双方产生争议时进行必要的裁决。[3] 证据开示的设计思想在于通过充分的证据开示让当事人对案件和双方掌握的证据情况有全面的了解，从而使双方在审判前达成和解，避免走向正式的审判程序。因此有学者称证据开示而非审判是诉讼当事人的"主战场"。[4] 事实上也正是如此，绝大多数的案件会在证据开示后选择和解或通过法庭下达的处分性动议解决争议。证据开示过程中，当事人可以通过提出动议，要求法官对相关的证据问题做出裁决，例如某项证据是否需要开示等。动议（motion）又为申请，是指"当事人向法院提出的关于案件程序和案件处理方式等方面的意见和请求"。动议是推动审前程序进程的重要手段。在一定情况下，当事人可以提出处分性动议，申请法庭处理部分或全部诉讼主张以终止诉讼进程。当事人之间通过开示程序向对方提交证据，称为"Production"，证据的交换通常只在律师之间进行，而无须向法院提交，最

---

[1] Todd L. Archibald and James Cooper Morton, *Discovery: Principles in Practice*, Toronto: CCH Canadian Limited, 2004, p. 9.
[2] 许少波：《证据保全制度的功能及其扩大化》，《法学研究》2009 年第 1 期。
[3] 毕玉谦：《论民事诉讼中电子数据证据庭前准备的基本建构》，《法律适用》2016 年第 2 期。
[4] Paul W. Grimm, Charles Samuel Fax, and Paul Mark Sandler, *Discovery Problems and Their Solutions*, Chicago, Illinois: American Bar Association, 2009, p. xix.

终是否在庭审中使用由当事人或律师自行决定。

美国《联邦民事诉讼规则》第 26—37 和第 45 条①、《联邦刑事诉讼规则》第 16 条以及加拿大《联邦法庭规则》的第 222—254 条②对主动公开（Disclosure）以及证据开示（Discovery）的时间、方式和范围进行了详细规定。证据开示的范围十分广泛，包括与当事人主张或辩护有关的、案件所需要的所有不受法律特权庇护的证据材料。开示的证据材料不一定必须作为证据呈堂供证，只要是引向可能的证据发现的任何材料，都在发现范围之列。一旦诉答程序结束，当事人需要会面商谈（Meet and Confer）并制订证据开示计划，就开示的具体问题达成一致意见。证据开示程序开启后，当事人需进行"主动开示"。主动开示是指双方当事人不等对方当事人提出请求，依法主动向对方出示其掌控的相关证据材料或信息。除主动开示外，当事人还可以通过庭外录取证言（deposition）、问询（interrogatories）、要求提供记录或物证（request for documents and tangible things）、要求对身体或精神状态进行检验（physical and mental examination）等方式从对方当事人或第三方处获取相关证据材料和信息。③

为了防止证据诉讼开始之初或诉讼开始前，发生当事人因相关利益毁坏或篡改证据的情况，诉讼法规定了当事人的证据保护义务。在美国和加拿大，当事人在准备起诉或者预期到可能发生诉讼之时，就应当对潜在的证据采取保护措施，法律上称为"依法保留"（Legal Hold）。当事人应当及时向相关人员下达证据保留通知（litigation hold notice），以尽可能地保存所有与案件相关的潜在证据。若当事人未能履行"依法保

---

① Committee on The Judiciary House of Representatives, "Federal Rules of Evidence", December 1, 2018, http: //uscode. house. gov/view. xhtml? path =/prelim@ title28/title28a/node218 & edition = prelim.

② The Minister of Justice, "Federal Courts Rules", https: //laws-lois. justice. gc. ca/eng/regulations/sor - 98 - 106/.

③ United States Supreme Court, "Federal Rules of Civil Procedure", https: //www. uscourts. gov/sites/default/files/Rules% 20of% 20Civil% 20Procedure.

留"的义务，或者存在恶意更改或销毁证据的行为，将会面临巨额罚款等司法制裁，甚至可能有败诉的风险。

（二）我国的证据收集程序

在我国刑事诉讼中，证据的收集主要由公安机关和提起诉讼的检察院负责，被告也有收集和提供证据的义务和权利。在民事诉讼中，我国实行的是"当事人举证"和"法院调查收集证据（民事）"的双重取证规则。我国《民事诉讼法》第 61 条规定"代理诉讼的律师和其他诉讼代理人有权调查收集证据"；第 64 条规定"当事人对自己提出的主张，有责任提供证据。"第 65 条规定"当事人对自己提出的主张应当及时提供证据"。但在很多情况下，当证据为对方当事人、诉讼外第三人或有关国家机关、单位掌握时，当事人就会显得束手无策。[①] 为解决我国当前"以当事人为主的诉讼模式"[②] 中的取证问题，同时考虑到我国"公民法律意识有待加强，社会环境不利于证据收集"[③] 等现实因素，我国在证据收集制度设计中保留了法院调查权。根据《民事诉讼法》第 68 条和第 132 条，人民法院依职权调查收集证据的情况有两种，一是"当事人及其诉讼代理人因客观原因不能自行收集提出申请"时，二是当"人民法院认为审理案件需要"时。[④]

由于我国的证据收集是由当事人和法庭调查共同完成的，因此对当事人的证据保存义务没有类似"依法保留"的正面规定，但从"证据保全"和惩罚条款两方面进行了限制。证据保全实际上是证据收集制度下的一种救济性措施，是法院利用司法强制力对本应由当事人自行收集的证据进行提取。[⑤] 我国的证据保全主要基于两方面的考虑：一是客观原

---

① 郭小冬、姜建兴：《民事诉讼中的证据和证明》，厦门大学出版社 2009 年版，第 160 页。
② 王洪礼：《民事诉讼证据简论：侧重效率维度》，中国检察出版社 2007 年版，第 153 页。
③ 张邦铺：《关于法院依职权调查取证问题的研究》，《西华大学学报》（哲学社会科学版）2003 年第 1 期。
④ 全国人民代表大会常务委员会：《中华人民共和国民事诉讼法》（最新修订中华人民共和国主席令第 106 号），2021 年。
⑤ 郭小冬、姜建兴：《民事诉讼中的证据和证明》，厦门大学出版社 2009 年版，第 160 页。

因，证据可能由于自身特点发生变化，需要及时采取保全措施固定其状态；二是主观原因，证据持有人存在恶意销毁、损坏或者篡改证据的可能性。[1] 诉讼保全可以是人民法院依当事人申请进行，也可以由人民法院主动进行。根据《民事诉讼法》第84条，证据保全可以在"诉讼提起后"，也可以在"提起诉讼或申请仲裁前"进行。[2] "公证"行为有时也被认为是当事人通过公证机构进行的广义上的证据保全行为。[3] 在我国当事人电子取证活动中，当事人可以在诉讼前或诉讼中通过公证等措施自行保全证据。对于由对方掌握的证据，也可以申请法院进行保全，但申请条件可能会比较严格，即要符合证据可能灭失或难以取得的情况。

证据开示在我国民事诉讼中主要体现为"证据交换"，即在答辩期届满后、开庭审理前，由人民法院决定或经当事人申请，在人民法院的主持下，当事人将各自持有的准备在开庭审理时出示的证据彼此进行交换，从而互通信息、整理和明确争点。[4]《关于民事诉讼证据的若干规定》（2001）和《民事诉讼法》（2012年修订版）从立法层面规定了我国民事诉讼的证据交换制度。《关于民事诉讼证据的若干规定》的第37条至第40条明确了证据交换的启动方式（经当事人申请，或人民法院对证据较多或者复杂疑难案件组织进行）、证据交换日期（与举证期限一致）、证据交换主持者（法院审判人员）、证据交换次数（收到对方交换的证据后提出反驳并提出新证据的，进行再次交换，一般不超过两次）；第47条和第55条分别认可了交换中记录在卷的证据和人证的证据效力。2012年修订的《民事诉讼法》第133条规定"需要开庭审理

---

[1] 许少波：《证据保全制度的功能及其扩大化》，《法学研究》2009年第1期。

[2] 全国人民代表大会常务委员会：《中华人民共和国民事诉讼法》（最新修订中华人民共和国主席令第106号），2021年。

[3] 张卫平：《论公证证据保全》，《中外法学》2011年第4期。

[4] 王新元：《重构我国民事诉讼庭前证据交换制度的思考》，《北方民族大学学报》（哲学社会科学版）2015年第2期。

的"案件,"通过要求当事人交换证据等方式,明确争议焦点。"有学者指出"美国的证据开示制度是我国证据交换的实质模本,审前会议是我国确立证据交换制度的形式模本。"① 但与美国当事人自行进行的证据开示制度不同,中国民事诉讼中的证据交换通常经当事人申请,由人民法院组织、在审判人员的主持下进行,是庭前会议的主要内容之一②,其主要目的在于确定争议焦点。

证据提交在我国是指当事人在举证期限内向法院提交相关证据的行为。根据《中华人民共和国民事诉讼法》相关规定③,举证期限可以由人民法院决定,也可以由当事人协商,但需经人民法院准许。当事人逾期提供证据可能会面临罚款或不予采纳的后果。当事人在法庭上可以提出新的证据,但需经法庭许可。对方当事人可以要求重新进行调查、鉴定或勘验。

二 证据认证

在诉讼活动中,证据的认证包含两个方面的内容:一是确认某个证据能否获准进入庭审程序,即证据的采纳问题,一般是对单个证据的认定;二是确认证据能否作为定案的根据,即证据的采信问题,一般是对一组乃至全案证据的综合认定。简单而言,采纳是对证据的初步认可,被采信的证据肯定已被采纳,被采纳的证据不一定被采信。④

(一) 美、加证据认证程序

美国和加拿大的司法诉讼采用的是"法律审"和"事实审"相分离的陪审团制度,陪审团事先对案件并不知情,只负责对事实进行认

---

① 丁宝同:《民事诉讼审前证据交换规则研究》,厦门大学出版社2013年版,第146页。
② 参见最高人民法院《关于民事诉讼证据的若干规定》(最新修订法释〔2019〕19号),2019年。
③ 参见中华人民共和国最高人民法院《关于适用〈中华人民共和国民事诉讼法〉的解释》(法释〔2015〕5号),2015年。
④ 何家弘:《外国证据法》,法律出版社2003年版,第45—46页。

定。因此在这些国家证据的认证是典型的两步模式①：运用采纳与排除标准先将符合标准的证据一件件筛出，法官会对有争议的证据做出是否采纳的裁定，留下的证据由陪审团或（在法官直接裁决的案件中由法官）衡量价值以认定事实。② 所以其证据规则几乎完全针对证据的采纳问题，即可采性（Admissibility of Evidence）。证据的交换和审查在诉讼当事人之间直接进行，当出现争议时，由律师向法官提出动议，法官对该证据是否可以在法庭上出示进行裁决。一旦证据被采用进入庭审，其"证据力如何，不由证据法规定，而留待陪审团或法官（在法官直接裁决的案件中由法官）去自由裁量评断。"③

与我国不同的是，在美国和加拿大的证据认证中，真实性是从属于相关性的一个要素。④ 其逻辑在于证据与案件的联系必须是真实的，如果证据是虚构伪造的，就无法与案件事实产生关联，也就不能对案件事实起到证明作用。在合法性上，两国在刑事诉讼中的非法证据规则在一定程度上能与我国的证据合法性标准相对应⑤，当然在美国还有证据适格（Competency）、品格证据（Character Evidence）等说法。除此之外，传闻证据规则是美国和加拿大证据认证区别于我国的另一典型规则，是带有排除性质的证据采纳规则。传闻证据规则之所以存在，是因为在实行彻底当事人主义的英美法系国家，任何亲身看到或感受到争议事实的证人必须将他们的感知当庭告知法官和陪审团，这样一方面能赋予当事人交叉询问的机会，另一方面事实审理者可以根据证人陈述的态度和表情形成心证。⑥ 根据美国《联邦证据规则》第801条，传闻规则适用的条件有两个：（1）该陈述是陈述者在庭审或听证现场之外做出的；

---

① 何家弘：《外国证据法》，法律出版社2003年版，第47页。
② Arthur Best, *Wigmore on Evidence Set Vol.1：Admissibility*, 4th Ed., Haryana：Wolters Kluwer India Pvt Limited, 2007, pp.4-5.
③ 马跃：《美国证据法》，中国政法大学出版社2012年版，第17页。
④ 刘品新：《美国电子证据规则》，中国检察出版社2004年版，第31页。
⑤ 参见何家弘《外国证据法》，法律出版社2003年版，第50页。
⑥ 马跃：《美国证据法》，中国政法大学出版社2012年版，第17页。

（2）当事人将其作为证据提出，用以证明该陈述所主张事项的真实性。这里的陈述包括一个人的口头主张、书面主张或者该人意图作为一项主张的非言语行为。① 这样一来，所有的书面证据甚至当事人的先前的陈述都成为了传闻证据，但将这些具有证明价值的陈述全都排除在证据体系之外显然是不可能的。因此英美法系国家又制定了排除加例外的传闻证据规则，并且有逐渐放宽传闻证据采用标准的趋势。例如美国联邦证据规则第801—807条对传闻证据及其例外进行了规定。②

（二）我国的证据认证程序

在我国习惯以"证据能力"和"证明力"的方式对证据的采纳和采信进行区分。③ 证据能力也被称为证据资格，是指证据材料在法律上允许其作为证据的资格；证据的证明力是指证据对于证明案件事实的效力。证据若被法庭采纳或采信，必须符合"三性"标准，即证据的客观性标准、关联性标准和合法性标准。客观性是指证据具有客观的属性和形式，是对客观事物的反映，不以人们的主观意志而转移。但事实上绝对的客观是不可求的，证据是主观性和客观性的统一。对证据客观性的强调是我国长期以纯唯物主义方法研究的产物，随着法学理论的进步，客观论逐渐退出舞台④，取而代之的是客观真实或真实性。这一点在立法中也有所体现，如最高人民法院《关于适用〈中华人民共和国民事诉讼法〉的解释》（以下简称《民诉司法》）第104条规定"人民法院应当组织当事人围绕证据的真实性、合法性以及与待证事实的关联性进行质证"。⑤ 关联性是指证据要与案件事实存在一定的联系，是从证据事实与

---

① Committee on The Judiciary House of Representatives, "Federal Rules of Evidence", December 1, 2018, http://uscode.house.gov/view.xhtml?path=/prelim@title28/title28a/node218&edition=prelim.

② 何家弘：《外国证据法》，法律出版社2003年版，第54页。

③ 何家弘、刘品新：《证据法学》，法律出版社2011年版，第12页。

④ 许康定：《电子证据基本问题分析》，《法学评论》2002年第3期。

⑤ 中华人民共和国最高人民法院：《关于适用〈中华人民共和国民事诉讼法〉的解释》（法释〔2015〕5号），2015年。

案件事实的相互关系方面来反映证据特征的。① 由于客观事物之间存在着普遍联系,因此关联性看似简单,但实践操作中却难以准确界定。② 合法性是指证据的形式和收集提取要符合法律规定,包括主体、收集程序以及提取方法等。

由于我国法官既适用法律又判定事实,因而证据的采纳和采信并没有分离成两个截然不同的阶段。诉讼参与人需要在举证期限内向法院提交证据,当事人、诉讼代理人或律师等虽可通过查阅案卷材料和证据交换(由法官主持)的方式在庭审前对证据进行审查,但法官在证据的采纳和采信中起着真正的主导作用。尤其在民事诉讼中,人民法院直接受理案件并参与调查证据,而不通过公安机关的侦查和人民法院的审查起诉,所以对证据的审查判断和审核认定一般都是同时进行的,很难将二者区分开来。在刑事诉讼中,证据的采纳和采信是相对分离的,公安和检察院是证据收集和审查的主体,当检察院提起公诉后,人民法院还需要对提起公诉的案件进行审查,对于起诉书中有明确的指控犯罪事实的,决定开庭审判。然而证据的审核认定依然只能在庭审中由法官确定。③

总结而言,司法诉讼中法庭对证据的认证分为采纳与采信两个阶段。在美国两个阶段泾渭分明,围绕证据的可采性标准形成了各种证据规则;在我国证据的审查判断和审核认定很难彻底分离,证据规则体系既针对证据的采纳问题又涉及证明力的认定问题,既有证据规则规范证据的资格问题,又有证据规则指导法官评估证据的证明作用。尽管中美的证据证明体系不尽相同,但从证明逻辑上看证据的认证大致都可以归为真实性、关联性和合法性三部分。三者虽有所区别,但亦有紧密联系,而且在很多情况下可以互相转换。

---

① 刘金友:《证据法学》(新编),浙江大学出版社2003年版,第98页。
② 何家弘:《新编证据法学》,法律出版社2000年版,第105—109页。
③ 蒋平、杨莉莉:《电子证据》,清华大学出版社2007年版,第161页。

第四章　编码呈现：美国与加拿大

第一节　电子证据的内涵

一　法学界的电子证据概念

电子证据在英文中有"electronic evidence""digital evidence""computer-generated evidence"等多种表达方式①，除却形式上的不同，这些表达都指向电子证据借助数字技术产生的实质，例如：杜克大学法学院（Duke Law School）的电子取证参考模型术语表（EDRM Glossary）将电子证据（Electronic Evidence）解释为"任何与案件相关的、由计算机生成的数据"②。《数字证据与计算机犯罪》一书中将"Digital Evidence"定义为"利用计算机存储或传输的、用以支持或反驳某一主张或主张中关键因素的任何数据"③。近年来，这一指向随着数字技术的普及和发展越加明显，并向"数字证据"的说法倾斜，例如：《美国国会图书馆标题表》（LCSH）将 Electronic Evidence 视作 Digital Evidence 的变体，赛

---

① Jeffrey Allen and Ashley Hallene, "Digital Evidence", *American Journal of Family Law*, Vol. 32, No. 1, 2019, p. 21.

② EDRM Duke Law School, "EDRM Glossary", https://www.edrm.net/collections/edrmglossary/.

③ Eoghan Casey, *Digital evidence and computer crime: Forensic science, computers, and the internet*, Waltham, Mass: Academic press, 2011, p. 7.

多纳会议研究协会在《电子取证与数字信息管理术语表》中仅定义了"digital"一词,即"以 0 和 1 二进制数字形式存储的信息,与模拟信号相对"。数字证据科学工作组(SWGDE)和国际计算机证据组织(IOCE)也都采用了"Digital Evidence"的说法。为表述上的方便,本书统一使用"电子证据"和"电子数据"的说法。

二 法律条款中的电子证据

在美国法律环境中,电子证据通常表达为"以电子形式存储的信息"(Electronically Stored Information,ESI),强调对记录形式的包容性,与"hard copy"相对①。美国《联邦证据规则》(Federal Rules of Evidence)第 101 条(6)指出"任何书面材料(written materials)或其他载体形式"都包括"以电子形式存储的信息"(ESI);② 美国《联邦民事诉讼规则》第 34 条要求在当事人证据开示程序中提供"所有记录(documents)、以电子形式存储的信息(ESI)和有形物"。③《联邦刑事诉讼规则》第 41 条(e)(2)款允许法官签发传票或搜查令对"以电子形式存储的信息"进行获取,第 16 条要求检方和被告中对获取的"以电子形式存储的信息"记录进行开示。在加拿大相关立法中,电子证据被称为"electronic document",在《加拿大证据法》书证(documentary evidence)部分被定义为"由计算机系统或其他类似设备记录或存储在任何介质上的数据,并且可以由人、计算机系统或其他类似设备阅读或感知"。④《加拿大联邦法庭规则》记录开示(Discovery of Docu-

---

① Sedona Conference Working Group 1, "The Sedona Conference Glossary: E-Discovery & Digital Information Management", https://thesedonaconference.org/publication/The_Sedona_Conference_Glossary.

② Committee on The Judiciary House of Representatives, "Federal Rules of Evidence", http://uscode.house.gov/view.xhtml?path=/prelim@title28/title28a/node218&edition=prelim.

③ United States Supreme Court, "Federal Rules of Civil Procedure", https://www.uscourts.gov/sites/default/files/Rules%20of%20Civil%20Procedure.

④ The Minister of Justice, "Canada Evidence Act", February 28, 2019, https://laws-lois.justice.gc.ca/PDF/C-5.pdf.

ment)在第222条指出"document"包括"录音、录像、影片、照片、图表、地图、计划、调查、账簿以及由计算机系统或其他类似设备记录或存储在任何介质上的,并可由人、计算机系统或其他类似设备阅读或感知的数据",从而将电子证据同样纳入证据开示范围。[1]

从 ESI 和 electronic document 的定义可以看出,电子证据在美国和加拿大法律中隶属于广义的书证范畴,其内涵十分广泛,包含所有以电子形式存在的信息或数据,与法学界 electronic evidence 的界定基本一致。

第二节 电子取证的构成

从美国和加拿大的司法实践来看,其电子取证实践可以分为两大类,Digital Forensics 和 E-discovery。从诉讼类型来看,狭义的 Digital Forensics 可以归结为以司法执法机关为主体的刑事诉讼取证,狭义的 E-discovery 可以归结为以机构或委托律师为主体的民事诉讼取证,其研究核心在于以大型企业或组织为代表的机构,而非单个的自然人。

一 由刑事领域发展起的取证科学——Digital Forensics

Digital Forensics 是法医学(Forensics)的一个分支,由计算机鉴证衍生而来,意在涵盖除计算机外的所有数字数据存储设备[2],通常与计算机犯罪相关联[3]。早期对 Digital Forensics 的认识都无一例外地将其与计算机犯罪和计算机技术联系起来。Mark M. Pollitt 是美国早期 Digital Forensics 领域的代表人物之一,曾长期任职于美国联邦调查局(FBI),

---

[1] The Minister of Justice, "Federal Courts Rules", https://laws-lois.justice.gc.ca/eng/regulations/sor-98-106/.

[2] Mark Reith, Clint Carr, and Gregg Gunsch, "An examination of digital forensic models", *International Journal of Digital Evidence*, Vol.1, No.3, 2002, pp.1-12.

[3] Brian Carrier, "Defining digital forensic examination and analysis tools", *International Journal of Digital Evidence*, Vol.1, No.4, 2003, pp.1-12.

是著名的 CART（计算机分析响应小组，Computer Analysis and Response Team）项目的负责人①。1995 年他在国家信息系统安全会议上强调了网络空间犯罪中的数字证据为美国执法部门带来的挑战，指出这一新领域就是将计算机科学和工程运用于数字证据的法律问题。② Judd Robbins 是计算机取证领域的知名专家，有着丰富的计算机专家证人经验③，他认为计算机鉴证是运用计算机调查和分析技术寻找计算机犯罪或滥用中潜在的法律证据，包括但不限于商业机密窃取、知识产权盗窃或破坏以及诈骗等。④ 然而随着数字技术在整个社会领域的全面运用，Digital Forensics 由技术到取证原则、方法和过程上日益发展完善，Digital Forensics 的概念内涵也更加丰富。2001 年"电子取证研究工作组"（Digital Forensic Research Workshop）第一次会议在纽约召开，会议产生的《电子取证研究指南》勾勒了当时的 Digital Forensics 发展状况，将 Digital Forensics 界定为"由数个步骤构成的取证过程"⑤，得到了行业的普遍认可。在该报告中，Digital Forensics 包括"识别、保存、收集、检查、分析、当庭展示和裁决"七个步骤，其目的在于促进重建犯罪事实，或帮助预防非授权的具有破坏性的行为。⑥ 2014 年数字证据科学工作组

---

① School of Information Studies, Syracuse University, "Mark M. Pollitt", https：//ischool.syr.edu/people/directories/view/mmpollit/.

② Mark M. Pollitt, "Computer Forensics：an Approach to Evidence in Cyberspace", *Proceedings of the National Information Systems Security Conference*, 2013, pp. 77 – 88, http：//www.digitalevidencepro.com/Resources/Approach.pdf.

③ Judd Robbins, "Expert Witness in Fitness and Computer Subject Areas", https：//juddrobbins.com/.

④ Judd Robbins, "An Explanation of Computer Forensics", https：//homelandforensics.com/forensics.htm.

⑤ Mark M. Pollitt, "An Ad Hoc Review of Digital Forensic Models", paper delivered to Second International Workshop on Systematic Approaches to Digital Forensic Engineering, Bell Harbor, Washington, April 10 – 12, 2007.

⑥ Digital Forensic Research Workshop, "A Road Map for Digital Forensic Research", http：//home.eng.iastate.edu/~guan/course/backup/CprE – 536 – Fall – 2004/paperreadinglist/DFRWS_ RM_Final 2001.pdf.

(SWGDE)① 发布了《Digital Forensics 作为一门鉴证科学学科》的公告，指出 Digital Forensics 既是一门鉴证科学也是一种调查工具。②

简单而言，作为一门科学，Digital Forensics 是指使用可靠的、可验证、可重复的科学的方法获取、保存、分析 ESI 并出具相关 ESI 报告的过程。而作为一种调查工具，Digital Forensics 关注的是信息的识别和恢复技术，以发现包含在任何形式的数字载体和应用中的相关信息。

二 由民事领域发展起的取证科学——E-discovery

根据 E-discovery 领域的知名智库赛多纳会议研究协会（Sedona Conference Institute）的定义，E-discovery 是指为"识别、定位、保存、收集、准备、检查和出示 ESI 的过程"③。E-discovery 的过程主要由律师来把控，按照当事人约定的证据发现计划搜集 ESI，并根据相关性和法律特权（如律师与客户间的保密特权）进行证据审查，决定特定 ESI 的出示或保留情况。因此 E-discovery 在一定程度上可以被视作数据挖掘的一种形式，即在法律诉讼中搜集并筛选出与案件相关的有用的信息。

相比 Digital Forensics，E-discovery 的起步相对较晚，主要出现并发展于美国，后延伸到加拿大、英国、澳大利亚等国家，近些年来在全球范围内开始普及。④ 在 E-discovery 出现之前，美国公司在证据开示环节需要人工审查大量的纸质文档，复制并递交给对方当事人。随着计算机

---

① SWGDE 成立于 1998 年，其成员多来自美国联邦调查局、美国国税局刑事调查司、美国海关等多个执法部门的鉴证实验室。

② Scientific Working Group on Digital Evidence, "Digital and Multimedia Evidence (Digital Forensics) as a Forensic Science Discipline", https：//www.swgde.org/documents/Current%20Documents/Digital%20and%20Multimedia%20Evidence%20(Digital%20Forensics)%20as%20a%20Forensic%20Science%20Discipline.

③ Sedona Conference Working Group 1, "The Sedona Conference Glossary：E-Discovery & Digital Information Management", https：//thesedonaconference.org/publication/The_Sedona_Conference_Glossary.

④ Mark Surguy, *International E-Discovery：A Global Handbook of Law and Technology*, London：Globe Law and Business Limited, 2021, p.10.

和数字化技术的发展,很多公司发现,对涉及大量证据的案件,将所有包含潜在证据的纸质文档进行扫描,利用计算机关键词检索技术筛查出具有相关性的文档,以电子形式传送给对方的做法更为经济高效。[①] 这是最原始的 E-discovery 雏形。随着信息技术的发展,开示程序中的电子证据由数字化的纸质文档逐渐向原生数字信息转化。主流法律期刊上最早讨论电子取证的文献出现于 1997 年,原意是指将纸质发现结果转存为电子形式以在法律诉讼数据库中保存。同年,一群对电子证据有着同样兴趣的律师、法官和技术专家共同成立了赛多纳会议研究协会。2001 年安然破产事件发生,案件涉及大量电子记录(尤其是电子邮件)的收集与处理,从而推动了 E-discovery 一词的使用和传播。电子取证开始成为民事诉讼和法学研究领域的热门话题。2002 年著名的萨班斯-奥克斯利法案(Sarbanes-Oxley Act)出台,要求上市公司将相关电子邮件保存五年并在法庭要求时及时提交相关数据,包括财务和其他记录。同时,电子文档的急剧增长为机构带来了前所未有的挑战。美国管理协会和电子政策协会 2004 年的调查显示,五分之一的美国公司曾在法律诉讼或监管调查中收到过电子邮件传票。越来越多的商业和法律调查涉及从各类数字设备提取的证据。

2006 年 4 月美国最高法院联邦民事诉讼规则(Federal Rules of Civil Procedure,FRCP)针对 ESI(电子证据)问题进行修订,这次修订涉及 16、26、33、34、37 和 45 号条款,正式将 ESI 纳入证据开示范围。[②] 电子证据以 ESI 的形式在法律中得到正式认可,电子取证成为每个企业在法律诉讼中必须面临的问题,开始进入蓬勃发展的新时期。法律公司针对诉讼中大规模的电子文档发现问题提供专业解决方法,而电子取证供

---

① Centre for Applied Science and Technology, *eDiscovery in digital forensic investigations*, CAST Publication Number 32/14, 2014.

② Gavin W. Manes ed., "New Federal Rules and Digital Evidence", paper delivered to Annual ADFSL Conference on Digital Forensics, Security and Law, Arlington, Virginia, April 19, 2007, https://commons.erau.edu/adfsl/2007/session-6/3.

应商则负责开发高效便捷的技术处理软件和服务。近几年来，随着全球化进程的加剧和信息数量的爆炸式增长，E-discovery 已由北美扩张到欧洲大陆并开始彰显其影响力。其中一个主要原因是跨国诉讼产生的电子取证需求。计算机网络和云计算技术的发展进一步增加了跨国电子发现问题的复杂性。存储在云服务平台的业务数据不仅在一定程度上脱离了公司的控制，而且受其服务商或服务器所在国家法律的约束。根据 P&S 市场研究报告，2016 年全球电子取证（E-discovery）市场总值高达 82.8 亿美元，而这一数字正以每年 10% 的速率增长。其中包括加拿大在内的北美依旧是最大的市场，占据了总份额的 70%。[①]

三 刑事电子取证与民事电子取证的比较

刑事电子取证（Digital Forensics）与民事电子取证（E-discovery）的终极目的都是获取与诉讼主张相关的数据，且都有着相似的取证流程，但是作为电子取证领域的两个不同分支，二者在源起、作用范围、取证主体、证据类型、证据组织方式、所涉及的法律程序、专业技能和专业队伍构成和具体取证步骤上都存在很大差异。

（一）主要特点比较

（1）Digital Forensics 兴起于 20 世纪八九十年代信息技术发展早期，主要关注计算机和网络犯罪，侧重刑事案件调查/侦查中计算机技术的应用，其动力在于寻找一切可能的证据线索，重构犯罪过程或进行无罪推断。活跃在这一领域的多为执法部门的专业取证团队或聘用委托的技术鉴证专家。而 E-discovery 的兴起是在 2000 年前后，数字技术得到较为广泛的普及和应用，机构运作高度依赖计算机及相关数字化设备，机构内的数据信息急剧增长，大型企业和机构为应对证据开示中大量电子数据的收集和筛查问题而形成了体系化的取证流程，其首要动力在于控

[①] President & Strategic Intelligence, "eDiscovery Market", https://www.psmarketresearch.com/press-release/ediscovery-market.

制司法诉讼中证据开示的投入成本，同时为己方主张提供有力证据。E-discovery服务通常由律师及其团队提供。

（2）刑事调查中搜查到的可能是具有实在意义的数字记录，也可能是零碎的数据片段或电子痕迹，其位置往往是未知的；侦查中会使用搜查令或传票扣押相关数据载体或获取数据源，司法调查人员/取证专家可能预先不知道具体的搜查范围或内容，在必要时还需对已被删除、隐藏或毁坏的数据进行恢复和发现，破解加密信息或设置。在民事取证中，证据开示/交换的方式和时间由当事人预先商定或法官协助确定，数据的来源和位置通常是已知的，当事人各方间可以通过法定开示方式从对方处获得相关证据，证据交换内容是具有实质性意义的信息记录。

（3）刑事调查所涉及的电子数据类型和来源十分广泛，通常由具体的案件决定，可能是图形录像（例如通过道路监控器的录像查找嫌疑车辆），可能是浏览器使用记录，也可能是聊天记录等；硬件设备、信息系统、网络设备（例如路由器、服务器、交换器）等都是可能的搜查对象，电子数据通常按照来源进行组织分类。而民事取证的对象通常是各类活动/业务记录，如电子邮件、交易记录等，因此涉及的是文本类的信息内容。电子邮件系统、网络共享空间、台式工作电脑和备份是常见的数据源，信息通常按照所有人/监管人进行组织分类。

（4）刑事调查具有实时性，操作系统信息（例如文档访问、修改和网络登录的时间）受到格外关注，以确定谁在什么时间进行过何种操作，依照时间线重现事实经过。同时由于刑事诉讼关乎被告人的人身自由和生命权，有着严格的非法证据排除规则，电子证据自采集起必须形成完整的保管链。而民事取证的主要任务是收集、检索和筛选大量的机构信息记录（包括活跃数据和历史数据）以提供与案件相关的证据。[①]

（二）取证流程比较

电子取证的过程研究是电子取证基础理论和方法的重要组成部分，

---

① Michele C. S. Lange, Kristin M. Nimsger, *Electronic evidence and discovery: what every lawyer should know now*, Section of Science & Technology Law, American Bar Association, 2009, p. 23.

取证过程的规范化和标准化在一定程度上决定了取证结果的合理性和有效性。在刑事领域，法律学者和实践专家基于不同的取证需求和场景提出了诸多电子取证过程框架和模型，例如美国 Farmer 和 Venemap 提出的基本过程模型[①]、Prosise 和 Mandia 提出的事件响应过程模型[②]、美国司法部提出的法律执行过程模型、Reith 和 Carr 提出的抽象模型[③]、Kohn 等提出的综合取证模型、Van Baar 等提出的 DFaaS 过程模型[④]等。电子取证研究工作组（DFRWS）是由美国空军研究院和美国信息战督导防御局共同资助的研究组织，它提出的数字鉴证基本框架是广为人知的、超越具体取证场景的一般性过程模型，受到了学界和行业的广泛认可。而在民事取证领域，由杜克法学院司法研究中心 EDRM 小组自 2005 年起研发的电子取证参考模型（Electronic Discovery Reference Model）是目前唯一受到普遍认可的过程模型。有法学界学者以上述两个基础模型为例，对 Digital Forensics 和 E-discovery 的取证流程进行了比较[⑤]。

表 4–1　　**Digital Forensics（刑事电子取证）与 E-discovery（民事电子取证）流程比较**

Digital Forensics （刑事电子取证）	E-discovery （民事电子取证）
识别（Identification）	识别（Identification）
保全（Preservation）	保全（Preservation）

[①] Dan Farmer and Wietse Venema, "Computer Forensics Analysis Class Handouts", http://fish2.com/forensics/class.html.

[②] Chris Prosise, Kevin Mandia, *Incident Response: Investigating Computer Crime*, New York, NY: McGraw-Hill Professional, 2001, p. 213.

[③] Mark Reith, Clint Carr, and Gregg Gunsch, "An examination of digital forensic models", *International Journal of Digital Evidence*, Vol. 1, No. 3, 2002, pp. 1–12.

[④] Xiaoyu Du, Nhien-An Le-Khac, and Mark Scanlon, "Evaluation of Digital Forensic Process Models with Respect to Digital Forensics as a Service", https://arxiv.org/ftp/arxiv/papers/1708/1708.01730.pdf.

[⑤] Rob Attoe, "Digital forensics in an eDiscovery world", in John Sammons ed., *Digital Forensics-Threatscape and Best Practices*, San Francisco: Syngress, 2016, p. 32.

续表

Digital Forensics （刑事电子取证）	E-discovery （民事电子取证）
收集（Collection）	收集（Collection）
检查（Examination）	处理（Processing）
	审查（Review）
分析（Analysis）	分析（Analysis）
	开示（Production）
当庭展示（Presentation）	当庭展示（Presentation）

显然从用语上来看，民事电子取证（E-discovery）与刑事电子取证（Digital Forensics）在多个环节相互重叠，差异从"检查/处理"环节开始显现。在"检查"阶段数字调查/侦查中专业人员对采集到的数据进行处理以从中解析出尽可能多的信息，从而获得确凿的证据或相关线索。而电子取证（E-discovery）对数字信息的"处理"通常是自动化软件完成的，是信息去重并转化为适当形式的过程，以方便审查阶段按照相关性对信息进行分离。民事诉讼中电子取证（E-discovery）会有专门的"开示"步骤，即一方当事人向另一方当事人提供相关证据，对方当事人还可能运用相关技术对获得的证据进行审查。事实上刑事诉讼中司法侦查部门的数字调查结果也需要向被告开示，但其目的在于保护被告人的知情权和辩护权，开示内容和数量都不及民事诉讼。

除此之外，实践操作中数字鉴证和电子取证行业在看似重叠的证据"识别""保全""采集"和"当庭展示"的具体处理方式上也存在差别。例如刑事调查的结果通常会以调查报告的形式呈堂供证，鉴证专家还可能作为专家证人出庭，回答数据检查和分析的专业技术问题。而民事诉讼中取得的电子证据在呈堂供证时通常需要以原生形式呈现，相关技术专家也较少直接出庭作证。

四 民事与刑事电子取证科学的交叉融合

民事电子取证与刑事电子取证在取证技术和流程上都有交叉重叠之

处。民事电子取证虽然源自大型企业在民事诉讼证据开示程序中对大量电子证据的处理需求,但其证据筛查和处理分析的方法却被广泛应用于各种类型的诉讼案件和法律遵从事务中,比如刑事案件、破产案件、公司内部审查等。民事电子取证还可以帮助刑事取证的技术专家应对大量非结构化数据带来的问题。在一些较为复杂的刑事案件中,当遇到大量电子证据的情况时,不仅会借鉴到民事电子取证的处理和筛查方式,有时还会设立证据开示协调员(discovery ordinator)的角色,其作用类似于民事诉讼中的电子取证管理者,负责协调管理整个案件中的电子证据收集和开示进程。[①]而在民事电子取证过程中,机构或律师团队也经常需要向数字调查方面的专家寻求技术上的帮助。比如恢复被删除的数据或作为专家证人出庭作证。

就民事电子取证与刑事电子取证的关系而言,大致可以划分为以下两种情况,取决于民事电子取证的内涵范围以及对待刑事电子取证的态度(是将其视作独立学科还是调查工具/技术)。

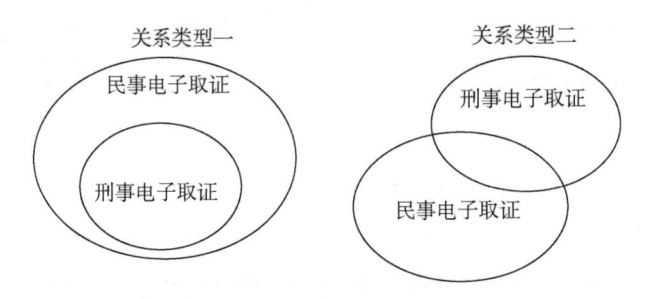

图 4-1 电子取证相关概念间的关系[②]

第三节 民事电子取证(E-discovery)的主要挑战

电子证据收集前的毁坏与保护以及大量电子证据的筛查是民事电子

---

① Amelia Phillips et al. eds. , *E-discovery*: *An Introduction to Digital Evidence*, Singapore: Cengage Learning, 2014, p.65.

② Amelia Phillips et al. eds. , *E-discovery*: *An Introduction to Digital Evidence*, p.3.

取证中面临的两个主要挑战。

一 电子证据的毁坏与保护问题

电子证据的毁坏在英文中表达为 Spoliation，原意是指诉讼/调查过程对与案件相关的证据的破坏或更改行为。① 如前所述，无论在我国还是美国的法律中，民事诉讼中当事人都有责任保留相关证据。证据的毁灭、丢失或更改通常发生在诉讼进行中证据收集前、或当事人预期到不久的将来有可能发生诉讼之时。证据的毁坏可能是当事人有意为之，也可能是一时疏忽或鲁莽的行为所致。有意的证据毁灭或篡改可能会使当事人陷入法律的制裁，而无意的证据破坏丢失或更改行为同样会使当事人面临无证据或证据真实性遭受质疑的情况，无法对己方主张进行有力证明，从而在诉讼中处于不利地位。

由于电子数据本身就具有易更改、易删除的特质，加之数字环境下机构电子记录信息广泛存在、各类信息系统或软件工具结构复杂、案件涉及的电子数据数量越来越大，机构及其律师有意或无意毁坏、丢失或更改证据的问题更为严峻。② 但无论何种情况，对相关证据的毁坏或者更改都可能导致法庭对当事人一定程度的制裁。一般而言，法庭因证据灭失或更改对当事人进行制裁需要同时考虑行为过错方的罪责（如有意为之还是疏忽过失）以及该行为给对方当事人造成的侵害程度。根据美国《联邦民事规则》2015 年新修订的第 37 条（e）款，无意的证据毁坏、丢失或更改行为也可能导致当事人受到制裁。

电子数据数量多，存在方式分散，易受环境影响发生改变。不仅如此，相对于纸质文件而言，存储在一块小小的电子载体或网络空间中电子证据更容易被删除或毁坏，即使事后可以进行技术补救，由此带来的

---

① Edrm Duke Law School, "EDRM Glossary: Spoliation Definition (s)", https://www.edrm.net/glossary/spoliation/.

② Shira Scheindlin, *Electronic Discovery and Digital Evidence in a Nutshell*, St. Paul, MN: West Academic, 2016, p. 298.

司法成本也是值得商讨的问题。电子证据不同于传统证据的这些特点，决定了其证据保护的问题更加严峻，这一点在民事电子取证中更加突出。例如机构可能因疏忽未能及时终止常规的数据清理行为导致证据丢失；证据收集前后对某份未被固定的文件的访问也可能会使其元数据发生改变，影响其证据效力的认定。

二 大量电子证据的筛查流程

民事电子取证不同于传统取证的关键在于案件所涉及的电子数据的数量。① 数字技术的便捷性和人类文化水平的提高极大地改变了人类的记录习惯和方式，记录更加高频化、碎片化。例如传统时代的一份纸质资料在如今可能以几个不同版本的数字形式存储在不同的设备上；传统时代一次面对面交流所包含的信息如今可能散布在数封电子邮件的往来中。数字时代机构对计算机和其他数字设备的高度依赖也导致了数字信息的快速增长。据称 2010 年美国机构中已有超过 90% 的信息以电子形式存在②，这一比例在今天可能会更高。海量电子数据的整理和筛查会是造成高昂诉讼成本的主要原因。③ 据称涉及电子数据的案件所花费的诉讼费用相比同类型案件要高 17% —48%。④ 机构计算机办公设备中一块硬盘所包含的信息远超过传统诉讼中的数箱纸质资料。

数量带来的不仅是数据处理时间和成本的增加，还有方式的改变和问题的复杂化。例如计算机普及初期，只有很少比例的案件会涉及少

---

① Erica M. Davila, "International E-Discovery: Navigating the Maze", https://works.bepress.com/login/? next=/context/erica_davila/article/1001/type/native/viewcontent/.

② Amelia Phillips et al. eds., *E-discovery: An Introduction to Digital Evidence*, p. 40.

③ Robert E. Altman and Benjamin Lewis, "Cost-shifting in ESI discovery disputes: a five factor test to promote consistency and set party expectations", *N. ky. l. rev*, Vol. 36, 2009, p. 569.

④ Federal Judicial Center Emery G. Lee III & Thomas E. Willging. *Litigation Costs in Civil Cases: Multivariate Analysis-Report to the Judicial Conference Advisory Committee on Civil Rules*, March 2010, https://www.uscourts.gov/sites/default/files/fjc_litigation_costs_in_civil_cases_-_multivariate_analysis_0.pdf.

量的电子证据，数据的提取、格式转换和筛查都可以由人工逐份完成。而当大量不同形式的数据如电子邮件、电子合同、电子备忘录、数据库、网页、产品宣传电子书等各类结构或非结构化数据以各种形式存储在各类数字设备、网络空间甚至第三方云平台上时，仅是识别潜在的电子数据就需要对整个机构信息基础设施和数字架构的充分了解。这就需要专业的工具、系统的方法和流程将海量的电子数据缩减到可控制的量级。E-discovery 就是应这一需求而产生的民事电子取证流程与方法。

在海量数据环境中识别可能与案件事实相关的数据源，收集提取相关数据，通过对数据的处理筛查和分析将相关电子证据材料缩减到可控范围，是电子取证（E-discovery）的核心任务，EDRM（E-discovery Reference Model）过程模型就是为这一任务而产生的。EDRM 模型由美国电子取证（E-discovery）专家 George Socha 和 Tom Gelbmann 在 2005 年提出，该模型定义了电子取证（E-discovery）中证据筛查的标准步骤，提出了规范的取证流程。模型发展至今已经更新了 8 个版本，主要包括识别、保存、收集、处理、分析、出示和当庭展示等 8 个步骤（图 4-2）。这 8 个步骤并非是直线单向性的关系，而是一个迭代的过程。实践操作中可能会反复重复某个步骤，也可能会倒回上一步骤。较为复杂的步骤被进一步分解成几个阶段，例如：识别步骤包括制订识别策略和计划、建立识别小组、识别潜在相关电子数据源以及验证潜在相关电子数据源；处理步骤包括评估、准备、选择和产出；审查步骤包括制订审查计划、开辟审查空间进行培训、进行数据/工作流程分析、执行审查、评估计划/总结；分析步骤包括内容分析和事实发现。整个流程是对大量电子数据进行识别和筛选的过程，其最终目的是获取关键证据以支撑诉讼案件中的请求或辩护观点。随着取证步骤的推进，电子数据的数量逐渐减少，与案件的相关性逐渐加强。下面依次对各个步骤进行详细介绍。

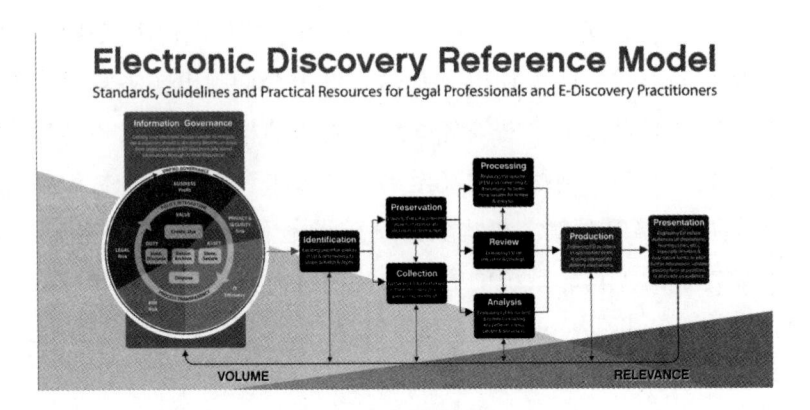

图 4-2　EDRM 电子取证参考模型[①]

（一）证据识别

在正式收集电子数据之前，首先要制订取证计划，识别潜在证据，确定取证的范围。一个好的取证计划可以帮助机构评估可能需要搜集的电子数据的数量，更好地控制诉讼成本。机构在制订取证计划时需要考虑到己方和对方的计算机设备和网络规模、IT 资源情况（例如软件使用情况）、业务信息位置和备份情况等。相关证据又可能散布在机构服务器、员工个人电脑、可移动载体（如优盘、硬盘）、网络空间、云平台、备份光盘甚至第三方服务商的服务器中。对于高度数字化的大型企业，这一问题将更加突出。通常而言，大规模的机构适合采取针对性的取证策略，即从少量核心的电子数据收集开始，根据对机构整体数据的掌握分析和案情需要逐渐拓展收集范围；小型机构适合采取广泛的取证策略，从一开始就尽可能全面地展开收集，再逐渐锁定核心相关证据。这个阶段需要律师与机构 IT 技术人员或信息管理人员的沟通，以掌握机构的信息技术架构和电子数据的存储、使用情况。在美国证据开示制度下，还可能包括与对方律师或相关 IT 技术人员与信息管理人员的沟通。

（二）证据收集与保存

该阶段是对所有潜在的、可能与案件相关的电子数据进行收集保

---

① Edrm Duke Law School, "EDRM Model (2014 Version)", https：//edrm.net/edrm-model/.

存。数据收集通常要使用专门的软件工具以保护证据的内容和元数据在采集、传输过程中不被篡改或发生变化。证据收集的对象还可能涉及已删除的数据、受密码保护的系统/文档或加密数据等，这就需要相关数字鉴证技术工具或方法的辅助。例如近几年数字鉴证领域常用的哈希值验证和保管链概念也被引入电子取证（E-discovery）领域。隐私保护和跨区域、国家的数据获取政策也是电子证据收集中需要考虑的问题。

（三）证据处理

证据收集后，需要数据去重、统一转换格式并入库。去重可以减小数据规模，降低后续分析、审查、提交和展示的成本。目前市场上的很多取证软件有文档比较和去重的功能。由于法庭要求电子数据作为证据的原始性，证据处理也可能会保持文档的原生格式。但通常情况下为方便统一分析和审查，同时防止证据内容和元数据发生变化，不同形式的文本类电子数据会被转换成可供文字识别的 TIF 格式或可供检索的 PDF 文档。在实践操作中，电子数据格式的转换取决于多种因素，例如：法庭或对方当事人的要求、代理律师的技术能力和经验、证据分析/筛查平台的配置等。对于那些不易转化为 TIF 或 PDF 格式的电子证据，例如 Excel 电子表格、具有关系结构的网页等，可以采用"近原生转换"方式处理，即以超链接的形式将这些原生文档导入数据库，每条记录占据一个字段，而原生文档被放置在单独的文档夹里。数据库中还包括书面证词、音视频文档等各种电子证据。法律事务所可以选择使用基于网络的存储库，将技术、基础设施和数据库管理问题交给第三方服务商，将更多的精力放在对法律问题的解决上。基于网络的存储库允许多个律师同时远程在线访问，便于监督案件情况进展。

编码（Coding）也是这一阶段的重要内容，是指识别文档的名称、日期、主题和其他相关信息并将其录入数据库。这些信息可能是文档的作者、发送人、接收人、日期等基本信息，也可能是文档内容所涉及的话题，用来判断该文档与案件或案件争议事实的关联性。编码对于后续的字段搜索和排序非常重要，因为这些著录数据可以提供与内容相关但又未出现在内容中的描述字段。相反，全文检索只能对 OCR 技术识别出的文字进行精确检索。

（四）证据审查与分析

证据筛查是指根据案件情况和当事人的主张，将可以用于证明案件事实的相关证据分离出来。在美国民事诉讼中通常还需要考虑对方当事人提出的证据开示要求。专业的筛查平台（review platform）提供关键词、短语、案件相关人名称等多种检索方式。大规模的证据筛查需要多人共同完成，参与筛查的工作人员要接受提前培训，了解案件基本情况，掌握各种检索技巧，例如同近义词检索、模糊检索、布尔检索等。第一轮筛查中数据被划为几组分配到各个筛查员，筛查员按照要求对数据进行检索，对筛选出的信息分类标引。标签和分组是常用的方法。在涉及大量数据的诉讼案件中，通常会提前制定检索协议（search protocols），规定何时开启基于 OCR 的通配符检索、词干检索等检索方式，何时在质量控制抽样中使用首字符缩写、拼写错误和其他词型变体检查等。第二轮筛查是对受法律特权保护的信息进行筛选，例如商业机密、个人信息（账户、地址等）、受医生—患者特权或律师—客户特权保护的信息等。筛查中会遇到一份证据材料中的部分信息受法律特权保护而不便公开的情况，这时需要用特殊的软件工具在元数据不被更改的情况下对这部分信息进行模糊化或节录操作（redaction），同时植入变更标记（alteration marks）并赋予编号（bates number）。

（五）证据出示与当庭展示

通过上述识别、处理、筛查和分析等步骤从大量证据材料中取得相关证据后，需要将这些证据从诉讼数据库中导出，转换成当初双方约定的格式，提供给对方当事人，通常还会随附一份说明，列出受法律特权保护而未能出示或删减的信息内容。下一步就是根据案件争议焦点挑选出关键证据，按照时间、证人等对证据进行整理排序，以配合庭审时的辩论策略进行当庭展示。在配有多媒体示证设备的法庭，还可以使用专门的证据展示系统或工具配合展示，PPT 是常用的展示工具。在司法实践中，多数案件通常不会进入审判程序，而会选择仲裁或调解的方式解决。这时关键证据的展示就是面对仲裁或调解员进行的。用于展示的证据会被赋予相应的编号，以区别不同来源的证据材料或者同一份资料的不同页码。

从上述分析可见，以电子证据筛查为主要内容的电子取证（E-discovery）流程包括以下关键点。

（1）证据识别：确定潜在证据来源和位置。

（2）证据收集与保存：数据恢复；解密；保管（真实性）。

（3）证据处理：去重；格式转换；编码（著录）。

（4）证据审查与分析：分类标引；检索；节录；数据内容或背景分析。

（5）证据出示与当庭展示：格式转换；编号。

第四节　电子文件管理与电子取证链接的体现

民事电子取证中的证据毁坏和大量证据的筛查促成了北美庞大的电子取证（E-discovery）服务市场，汇集了从证据收集保存、处理、筛查、分析到开庭展示所需的各类工具、软件、系统和平台。专门针对电子取证（E-discovery）的诉讼数据库系统或筛查平台一般都包含以下几个功能：关键词检索、格式转换（TIF 或 PDF 格式）、OCR 技术、文档编号、报告输出或原生格式输出。这些综合型的系统有的适用于小型公司或机构，有的适用于大型诉讼；有的擅长处理文本书档，有的擅长音频视频的处理，各有特色。例如 lmageMAKER Discovery Assistant 主要针对小型诉讼，可以收集和处理各类基于 Windows 的文档和微软 Outlook PST 文件；Catalyst XE 主要用于保险或金融交易诉讼；Catalyst Enterprise 针对大型诉讼，跟踪查看用户操作、查看案件状态和进展等项目监管功能等。电子取证（E-discovery）具体操作步骤中使用到的各类软件或小工具更是数不胜数，例如：用于格式转换和文字识别的 IPRO eScan-IT、专门处理电子邮件的 Emailchemy for e-mail file、用于视频分析的 Analyst's Notebook 和 Social Network Analyzer 等。当然，这里所提到的许多技术软件也用于刑事电子取证（Digital Forensics）中，Analyst's Notebook 等的音视频处理软件更经常用于执法部门。

面对电子证据带来的数量挑战，技术公司研发的各种工具软件极大地提高了海量电子数据的处理效率，是北美法律界和 IT 界共同努力的成果。然而，随着数据量的不断增长，机构及其律师们越来越意识到提前介入电子信息记录管理活动的必要性。电子证据的处理、筛查和分析都是以高质量的、有序的信息记录为基础的，而机构往往在诉讼迫在眉睫时，才开始意识到信息管理的重要性。即使运用技术手段可以临时解决或弥补取证中的数据问题，但不能为机构的数据状况带来根本性改变。不仅如此，管理的缺失一方面可能造成机构电子数据的大量无序增长，还很有可能造成证据的灭失或更改，使机构面临法庭制裁的风险。因此，法律界开始改变针对具体案件临时取证的传统做法，而转向为可能成为诉讼证据的电子数据提供预先管理方案。以电子文件管理为核心的机构数字信息管理/治理成为电子取证（E-discovery）领域的热门话题。

一 电子文件管理与电子取证（E-discovery）在流程上的高度重合

尽管电子文件管理与电子取证（E-discovery）是两个有着不同功能与目的的数据处理流程，但是二者在步骤上多有相似之处。更重要的是，电子文件管理系统所支持的主要功能与取证中所需的具体操作行为有诸多重合，例如电子文件管理支持对文件及其聚合体的分类方案，支持对文件内容和元数据的检索功能，而电子取证在筛查阶段的主要操作就是通过对数据进行分类标引和内容检索，逐渐锁定相关证据。

表4-2　民事电子取证（E-discovery）与电子文件管理流程对比

电子取证		电子文件管理	
主要步骤	关键操作	主要阶段	主要功能（ERMS）
电子取证全程的真实性保管		通过元数据对文件聚合体进行全程管控	
识别	确定潜在证据来源和位置	生成	捕获
收集	数据恢复；解密；保管		分类
处理	去重；格式转换；编码（著录）	维护	安全控制；记录流程元数据；保管期限与处置
审查分析	分类标引；检索；节录；数据内容或背景分析	传播利用	查询；检索；呈现
出示/当庭展示	格式转换；编号	系统管理	管理系统参数；元数据管理；备份和恢复数据；生成系统报告等

二　电子文件管理核心功能对电子取证的助力作用

电子文件管理对电子取证的助力作用主要体现在三个方面：（1）文件保管期限和处置关乎电子证据的灭失与保护问题；（2）电子文件管理的数量和质量控制能够对证据筛查起到支持作用；（3）电子文件管理是对潜在电子证据的预先管理。

（一）文件保管期限和处置关乎电子证据毁坏与保护问题

电子数据的技术复合性和系统依赖性使得电子证据比传统证据更容易遭到破坏或更改。现有的民事诉讼制度规定了当事人"依法保留"的法律义务或提供了"证据保全"的救济形式，从一定程度上对证据收集前的灭失问题起到了一定的遏制作用。但如今的机构高度依赖各种数字化办公设备和技术，面对海量的电子数据和复杂的IT技术架构，要想及时地保存合法证据并不是一件容易的事情。

根据相应法规和机构规章制度分类设置文件保管期限与处置方式，并定期进行文件备份，至少可以在以下几个方面减少机构运作成本并帮助机构应对可能的电子证据的灭失和更改问题。

（1）机构应该根据文件保管期限表，定期销毁对机构运作没有价值

的文件，合理规避法律风险

机构不可能对生成或接收的所有业务信息进行留存，当信息留存的成本和风险超过可能带来的收益时，机构应该对那些不具有足够凭证或参考价值的信息进行处理。对业务文件的合理、及时和定期处置可以减少机构的数据总量，降低信息泄露（如客户信息）的风险，促进机构信息保密和安全，避免公司因此遭受不必要的起诉或行政处罚。例如根据美国的《健康保险流通与责任法案》隐私与安全规则，泄露相关信息可能会导致最高 5 万美元的罚款。[①] 因此，在符合相关法律法规要求的情况下，机构可以按照自身情况对文件的保管期限进行设置，定期删除无用的业务记录，包括电子邮件等通信记录，对硬盘或其他载体工具执行清除或复写操作。

案例：Arthur Andersen LLP 诉 美国政府（2005 年）[②]

2001 年安然公司破产，当年秋天，安然公司的审计公司 Arthur Andersen 指示其雇员按照公司的文件保管期限政策销毁了与安然公司相关的各种形式的记录。2002 年 5 月，Arthur Andersen 遭到政府起诉，被指控在证券交易委员会调查安然公司破产事件中妨碍司法公正。州地方法院判决 Arthur Andersen 有罪，Arthur Andersen 上诉到美国第五巡回法院，巡回法院肯定了州地方法院的判决。Arthur Andersen 申请了最高法院调卷令。最高法院认为，Arthur Andersen 销毁相关记录的行为是依照该公司的保管期限政策进行的常规操作，且在当时对可能的违法后果并不知情。制定文件保管期限政策是企业的普遍行为，若经理指示员工在有效的政策范围内进行正常

[①] Code of Federal Regulation, "Part 160 Subpart D-Imposition of Civil Money Penalties", https://casetext.com/regulation/code-of-federal-regulations.

[②] Casetext, "Arthur Andersen v. U.S, 544 U.S. 696 (2005)", https://casetext.com/case/arthur-andersen-llp-v-united-states-2?tab=keyword&jxs=&sort=relevance&type=case&resultsNav=false.

操作，显然是没有错误的。最高法院推翻了原判决，判定 Arthur Andersen 无罪。

（2）当机构对有可能发生的诉讼产生预期时，应该及时终止对相关电子文件的定期处置行为，即使该处置操作符合机构的文件保管期限设定

恶意销毁证据将会使机构在法庭上面临罚款、不利推定甚至败诉的后果，但即使如此，倘若机构能够证明其长期拥有完善的电子文件管理机制，对相关文件的销毁系常规的文件管理行为，并非出于恶意，也有可能在一定程度上挽回被动局面。若机构经常使用电子文件管理系统定期进行备份，也可依靠备份对删除的数据进行恢复。

（3）若机构未能依照法律要求留存必要的业务文件、或未能履行自身的文件保管期限设置，甚至对机构文件记录进行篡改，将会面临必要的法律制裁

案例：Coleman（Parent）Holdings，Inc. 诉 Morgan Stanley & Co.，Inc.（2005 年）[1]

2004 年 Coleman（Parent）Holdings，Inc.（以下简称 CPH）起诉 Morgan Stanley & Co.，Inc.（以下简称 MS）与 Sunbeam Corporation 联合诈骗致使 CPH 将股票卖给 Coleman。案件的关键点在于 MS 是否知晓 Sunbeam 的骗局。证券与交易委员会法令要求机构将此类交易文件保留两年，而 MS 每 12 个月将公司电子邮件覆盖重写，严重违反了这一法律规定。同时，MS 未按法庭要求审查和提交该时期涉案工作人员的工作文件备份、权限日志以及相关文件。2005 年 2 月，法官做出判决，认为 MS 未能及时提交相关 ESI 并将其转化为

---

[1] Casetext,"Coleman Hold. v. Stanley, 20 So. 3d 952 20 So. 3d 952（Fla. Dist. Ct. App. 2009）", https：//casetext.com/search? tab = keyword&jxs = &sort = relevance&type = case&q = Coleman%20Parent%20Holdings%20Inc%20&p = 1.

可供检索的形式，给法庭和对方律师及时了解案情造成了困扰，同时在已知尽可能发生诉讼的情况下销毁相关电子邮件，是对发现责任的恶意滥用。法庭指引陪审团做出不利推断，要求 MS 完全承担对 Sunbeam 骗局不知情的自证责任，并赔偿 CPH 在证据发现和证明阶段因 MS 行为造成的所有损失。

机构对具有凭证或参考价值的电子文件进行识别、捕获，设置合理的保管期限和处置操作，有利于机构在法律诉讼、行政调查或监管中及时提供证据，但其前提是机构要根据自身所从事的业务活动类型，全面梳理相关国家法律、管辖本机构业务的行政法规和部门规章、以及机构所在行业的规范，以科学地划定文件保管范围，设置文件保管期限。例如，医院对病人相关病例等记录的管理需要符合《医疗机构管理条例实施细则》，其中第 53 条规定医疗机构的门诊病历的保存期不得少于 15 年，住院病历的保存期不得少于 30 年。除此之外，机构还需要考虑到可能的隐私和信息保护问题、机构签署的合同或协议中的具体要求以及业务运作和决策的实际需要。总之机构要结合实际情况量体裁衣，制定最适合自己的文件保管和处置政策。在机构参与诉讼、接受调查或者预期诉讼、调查及审计发生之前，机构应该能够及时终止相关的文件的处置操作（尤其是销毁行为），并通知相关员工及时留存证据。近几年来由于云计算技术具有成本低、通用性强、可扩展性高等优势，越来越多的机构依靠云计算平台开展业务，或将机构数据的存储和维护工作外包给第三方供应商。在这种情况下，机构需要及时评估文件管理的风险，加强安全控制，保证电子文件严格依照保管期限表安全留存或彻底销毁。

（二）电子文件管理的数量和质量控制对证据筛查的支持作用

电子文件是机构最重要的信息资产，对电子文件的良好管理能够帮助机构控制数据的无序和过量增长，从而减少电子取证（E-discovery）的成本，降低取证风险。机构无须也不可能保存其业务活动中产生的所有数据。及时清除无用的信息记录，合理地划定机构文件留存的范围并依照保管期限表定期处置过期的文件，可以极大地减少机构的数据存储和维护成本。不仅如此，还会为信息的查找带来困扰，湮没本需保存的有价值的信息，降低机构员工的工作效率。电子取证（E-discovery）成本的增长很大一部分来自无序信息的去重、整理和筛查。有效的文件管理可以实现对机构信息记录的两次筛选，一是根据机构业务运作和法律遵从的需要，设定文件留存的范围，及时清理没有留存价值的重复信息或过程信息；二是严格执行文件保管期限表，在法律许可的范围内将已经对机构没有利用价值的过期文件进行销毁，合理规避法律风险。由此来看，机构对电子文件的正确识别和保管期限的合理设置是控制机构信息数量同时合法运营的基础。机构应将文件管理置于机构治理的整体框架之下，通盘考虑机构生产、接收和存储的所有信息，尽可能全面地将机构业务记录纳入管理框架。在法律层面，既要梳理业务运作所需遵从的国家法律法规、部门规章和行业规范，又要兼顾当下以及未来可能面临的法律诉讼和监管调查。若机构设定的文件管理范围过窄，会造成电子取证（E-discovery）的对象落于机构文件管理的范围之外，使得机构文件管理处于无用的尴尬局面。保管期限的合理设置也是如此。对机构文件进行细化分类、分别设置保管期限是一项复杂繁重的事务，通常机构为了简便起见，会大量延长文件保管的期限，等待全部信息过期后再一并处置。这不仅会造成无用信息的堆积，增加机构文件管理和取证的成本，还有可能给机构带来不必要的法律风险。

检索在电子证据的筛查中起着重要作用。前文提到，大型诉讼中通常要预先制定专门的检索协议，要支持基于 OCR 的通配符检索、词干检索等检索方式。但在海量数据面前，全文检索往往不是最佳方案，检索的效率取决于元数据的完整度、编码著录的质量和分组分类的合理程度。在分析阶段，锁定相关信息后，需要对该部分信息的内容和背景进行深入分析，寻找其与案件事实以及诉讼参与者之间的联系。背景分析依赖的也是数据的质量和完整度。由此看来，对电子信息记录的质量控制是电子取证筛查和分析的前提。良好的电子文件管理不仅可以保证文件信息的质量，而且应用专业的电子文件管理系统能够支持对文件管理元数据和文件的文本内容进行检索，支持对符合条件的文件和文件聚合体的检索呈现，对分类方法所有层级具有综合的检索功能。此外，电子文件管理还可以在文件生成阶段对文件的版本进行区分和控制，以往取证中可能因数据留存管理不当导致的数据恢复、去重的问题会大量减少，从而降低取证难度，缩减取证成本。

（三）电子文件管理为潜在电子取证的预先管理奠定基础

若机构具有较为完备的电子文件管理机制，电子取证对数据的筛查流程从识别起就会变得更加容易。律师可以通过机构现有的电子文件管理手册、文件分类和存储情况、文件保管期限表以及其他资料掌握机构业务活动的主要类别、信息记录的主要来源以及分布情况。他还可以与机构IT技术人员和电子文件管理人员进行交谈，深入了解机构的IT基础架构和信息资源利用情况。由此，律师或机构指定的其他诉讼参与人就能根据案件纠纷情况快速锁定潜在的证据位置，知晓电子文件管理人员终止对相关证据的处置操作，尽快通知可能持有相关证据或与证据的存储、处理和保管相关的机构雇员及时采取证据保护措施。同时，如果机构在电子文件管理工作开展之前，对管辖其主营业务的国家法律法规、部门规章和行业规范进行梳理，对目前和潜在的法律诉讼与监管调查有所预期，在此基础上合理设置了本机构的文件管理范围，并制定合理的文件保管期限和处置机制，那么电子取证（E-discovery）的证据对象会与电子文件的管理对象实现最大程度上的重合。也就是说，机构面对诉讼取证或监管调查时，需要获取的信息记录绝大多数处于机构的电子文件管理框架之下。

另外，取证的处理和审查分析阶段都需要对信息进行编码著录和分类标引。粗略来看，取证中的编码著录和分类标引与电子文件管理中的元数据管理、文件聚合体和分类方案的功能十分相近，但是二者在目的上还是有所不同。电子取证中的编码著录是指识别文档的名称、日期、主题和其他相关信息并将其录入数据库。这些信息可能是文档的作者、发送人、接收人、日期等基本信息，也可能是文档内容所涉及的话题，用来判断该文档与案件或案件争议事实的关联性。审查阶段的分类标引是按照案件需要，通常是依照信息记录的来源，对信息进行分组并附加标签。而电子文件管理无论是在元数据、聚合体概念还是分类方案上，都是以维护文件与产生文件的业务活动或事务之间的联系为基础的。元数据记录的是文件的结构和业务背景信息；聚合体代表的是同一业务事务活动中产生的数字文件之间的相互关系；基于职能的分类方案也将文件划分为"业务职能""业务活动"和"事务"三个层级。然而，这种以业务活动为中心的电子文件管理正是电子取证对与诉讼相关的电子信息记录进行编码分类的基础。电子文件管理对元数据的精准和全面捕捉将会极大地减少取证中的编码著录工作，合理的聚合体和分类管理方案更是提高加大取证中的自动化筛查程度，减少人工成本。也就是说，电子取证可以在电子文件管理提供的高质量的、有序的信息记录体系之上，按照案件需要，加入相关的其他信息记录，并将与具体的争议点进行匹配整理。这样从电子取证的角度来看，电子文件管理就变成了对可能成为证据的机构电子信息记录的预先管理，成为电子取证行为前端控制和延伸功能的一部分。

第五节　直接全面性链接存在与否的影响因素

一　电子文件与电子证据内涵上的重合

根据前文的分析，美国和加拿大语境中的电子文件指的就是文件的电子形式，可以归纳为机构或个人在活动中制作或接收的、并因业务运作或法律遵从的需要而加以保存或维护的电子形式的信息。

电子证据在美国法律环境中被称为 ESI，在加拿大证据法中体现为 Electronic Document，二者都隶属于广义的书证范畴，包括所有"以电形式存储的信息或数据",内涵十分广泛,与法学界 Electronic Evidence 的界定基本一致。

对比电子文件和电子证据的概念,可以发现电子文件可以完全落入电子证据的外延之中,二者在内涵上有极大重合。

二 电子取证中涉及的证据数量大

电子证据的数量问题是有关电子取证的文献中最常被提及的一点[1],数量问题被认为是造成电子取证难度增加和费用上升的主要因素。更有学者将"数量巨大"(Large Volume)列为电子证据的特征之一,认为电子邮件、即时通信、社交媒体和其他各种形式的互联网交流在本质上都可以视为一种复制和传播技术,现代通信技术将原本独立的计算机互联,形成了一张巨大而又复杂的虚拟网络,使得信息更容易被生成、交换、复制和传播,导致电子记录在数量上远远超过了传统纸质时代,成为电子证据的一大显著特征。

一般而言,电子取证(E-discovery)中涉及的电子证据的数量取决于以下因素:证据的开示程度、法庭展示的数字化程度、案件的复杂程度、机构的类型与规模、机构数字化程度及信息管理力度。

证据的开示程度: 证据开示的范围、方式和次数直接影响着案件所涉及的证据材料的数量。充分的证据开示所要求的证据材料可能会包含机构数年内的业务或通信记录。例如在奠定美国电子证据开示地位的里程碑式案件 Zubulake 诉 UBS Warburg LLC（2003 年）劳动纠纷案中,原告 Zubulake 要求其任职的公司 UBS Warburg 提供其雇员间发送的、内容涉及原告的所有往来邮件。[2]

---

[1] John T. Yip, "Addressing the Costs and Comity Concerns on International E-Discovery", *Washington Law Review*, Vol. 87, No. 2, 2012, pp. 595 – 637.

[2] Casetext, "Zubulake v. UBS Warburg LLC, 220 F. R. D. 212 (S. D. N. Y. 2003)", https：// casetext. com/case/zubulake-v-ubs-warburg-llc – 5？q = Zubulake% 20UBS% 20Warburg% 20LLC&p = 1&tab = keyword&jxs = &sort = relevance&type = case.

法庭展示的数字化程度：庭审数字化也是促进证据电子化的因素之一。数字化庭审对证据电子化带来的影响主要在两方面：一是法庭数字化审判会产生庭审记录和证人证言等音频视频类电子证据。二是不仅杜绝了传统审判中将电子证据材料打印输出成纸质材料的情况，还增添对原本以纸质形式存在的材料的数字化。当然数字化的展示方式并不能取代纸质资料原件。但证据材料展示的数字化给电子取证带来的改变不止如此，证据材料展示的数字化还能在一定程度上促进证据处理流程的数字化，将纸质文本资料从收集起就进行数字化转换，将所有记录性证据材料导入数据库或筛查平台进行统一处理，提高信息检索和筛查效率。

案件的复杂程度：案件的复杂程度与案件所涉及的证据数量直接相关。案件的复杂程度既受案情、涉及的法律关系、争议点数量的影响，也与诉讼程序和法律体系有关。例如在美国，仅民事诉讼管辖权一项就有各种规定和限制。一般而言，不同类型的案件其复杂程度也会有所差异。机构作为当事人参与的常见的诉讼类型包括：与公司、证券、保险等有关系的纠纷、合同纠纷、知识产权与竞争纠纷、劳动人事纠纷、侵权责任纠纷等。

机构的类型与规模、机构数字化程度及信息管理力度：海量电子证据筛查的情况更容易出现在由大型企业或公司参与的诉讼案件中。这点并不难理解。HP Autonomy 2013 年的《奥斯特曼研究白皮书》显示，一个拥有 1000 名员工的机构，仅其电子邮件的数量在第 5 年就能达到 3548GB，更不要说还有各类系统、交易数据以及其他办公软件产生的记录。这些信息往往以各种数据形式分散在各类电子设备甚至网络或远程服务器上，还可能同时存在多个副本或者不同版本。[①] 电信、银行、保险、医疗等数据密集型行业的机构本身就会产生大量业务数据。对机构

---

① Canadian Lawyer, "Why does e-discovery cost so much?", https://www.canadianlawyermag.com/author/dera-j-nevin/why-does-e-discovery-cost-so-much-1956/#tab_.

信息管理的忽视也是造成关键证据难以被识别提取的重要因素,例如将工作账户或设备用于私人通信,工作文档不及时归类的等。

三 电子证据认证规则

电子数据不同于传统证据的物理存在形式,为电子证据的真实认证带来了极大的挑战①。前文提到美国和加拿大的证据认证是典型的两步模式,因此证据的认证规则主要集中在证据的可采性问题上,体现为传闻规则、鉴真规则和最佳证据规则。

(一) 电子证据与传闻例外

传闻规则是有关传闻可采性的规则。传闻规则存在的逻辑在于任何亲身看到或感受到争议事实的证人必须将他们的感知当庭告知法官和陪审团,以赋予当事人交叉询问的机会,并由陪审团根据证人陈述的态度和表情判断证据的可信性。

根据美国《联邦证据规则》第801条,传闻规则适用的条件有两个:(1)该陈述是陈述者在庭审或听证现场之外做出的;(2)当事人将其作为证据提出,用以证明该陈述所主张事项的真实性。这里的陈述包括一个人的口头主张、书面主张或者该人意图作为一项主张的非言语行为。②

美国联邦证据规则第801—807条对传闻证据及其例外进行了规定,其中第803条列举了23种符合传闻例外的情况。其中大量电子证据,尤其是机构业务记录,通常作为"常规性活动记录"或"公共记录"通过达到第803(6)、803(7)、803(8)、803(9)和803(10)项的传闻例外要求被法庭采纳。

---

① Scott Giordano, "Giordano: Electronic Evidence and the Law", *Information Systems Frontiers*, Vol. 6, 2004, pp. 161-174.

② Committee on The Judiciary House of Representatives, "Federal Rules of Evidence", http://uscode.house.gov/view.xhtml? path=/prelim@title28/title28a/node218&edition=prelim.

表4-3　　　　　　　　电子证据适用的传闻例外规则

803 传闻例外
（6）常规性活动记录
（7）缺少常规性活动记录
（8）公共记录
（9）关于出生、死亡与结婚的公共记录
（10）缺少公共记录

（二）电子证据的鉴真

鉴真在英文中称为"Authentication"，或动词词组"Authenticate Evidence"[1]，是指证据提出者举证时，必须另外提供外部证据，以证明该证据就是其所主张的证据[2]。鉴真是采纳证据的标准，是可采性的先决条件，是当事人和法官的职能范围。在可采性标准中，真实性是从属于关联性的一个要素，因此鉴真通常被视为相关性问题的一部分。[3] 但证据通过了鉴真并不等于证据必然是真实的（authentic），是可靠的（reliable），具有可信性（trustworthiness）。"authentic"的认定属于陪审团的职能范围，认定的是诉讼双方所提出证据的证明力[4]。也就是说在美国诉讼程序中，鉴真（authentication）解决的是证据资格问题，属于法律所规范的范围，体现在各类鉴真证据规则中；而证据是否真实（authentic）是证据力问题，属于陪审团或法官自由裁定的范围，但律师可以在法庭上针对相关问题展开质询。

在美国和加拿大法庭对电子证据的认证也经历了一个转变和适应的过程。在电子证据出现之初，很多法庭认为计算机证据具有内在的不可靠性[5]，

---

[1] 我国一些法学文献也将其翻译为验真、鉴证或证真。
[2] The Law Dictionary, "Authentication", https：//thelawdictionary.org/.
[3] 王进喜：《美国联邦证据规则条解》，中国法制出版社2012年版，第311页。
[4] Ronald J. Allen et al. eds., *Evidence：Text, Cases and Problems（Aspen Casebooks）.5th edition*, Aspen Publishers, 2011, p.23.
[5] Casetext, "St. Clair v. Johnny's Oyster Shrimp, Inc., 76 F. Supp. 2d 773（S.D. Tex. 1999）", https：//casetext.com/case/st-clair-v-johnnys-oyster-shrimp-inc?tab=keyword&jxs=&sort=relevance&type=case&resultsNav=false.

对计算机鉴真提出了更严格的鉴真要求。例如1977年美国诉Scholle一案中，法庭认为提出主张的当事人必须确定"计算机程序的原始来源以及输入程序以确保其准确性和可靠性"①。但随着电子信息记录的大量涌现，法庭很快开始全面接受电子证据，并逐渐适应电子证据的数字化特点。1982年在美国政府诉Vela一案中，第五巡回法庭指出"计算机证据可以是可靠的"②，从而使得电子证据与实物证据可以同样可靠的观点普及开来。在绝大多数的法庭上，电子证据的鉴真要求与其他实物证据在原则上已无本质区别。③

《美国联邦证据规则》第901（b）款提供了多种证据鉴真，第902条则提供了自我鉴真方式。电子证据的真实性可以通过各种方式得以验证，与其他各种形式的证据的鉴真可以有各种方法上的一致，尤其是在不涉及数字技术特性的时候。但具体适用哪种方法，要根据证据的形式和案件具体情况来进行。本书仅列出电子证据鉴真中常用到的部分条款，并根据证据适用类型进行简单介绍。

表4-4　　　　　　　　电子证据适用的鉴真规则

901（b）外部证据鉴真
（1）知情证人的证言
（3）专家证人或事实审判者所进行的比对
（4）独特的特征及类似特点
（7）关于公共记录的证据
（9）关于过程或者系统的证据

通常，电子邮件、发布在网站上的帖子、短信、网络聊天记录等类

---

① Casetext, "United States v. Scholle, 553 F. 2d 1109 (8th Cir. 1977)", https://casetext.com/case/united-states-v-scholle? tab = keyword&jxs = &sort = relevance&type = case&resultsNav = false.

② Casetext, "United States v. Vela, 673 F. 2d 86 (5th Cir. 1982)", https://casetext.com/case/us-v-vela-2.

③ Thomas J. Casamassima and Edmund V. Caplicki III, "Electronic Evidence at Trial: The Admissibility of Project Records, E-Mail, and Internet Websites", Construction Law, Vol. 23, 2003, pp. 13-14.

型的电子数据都可以通过第 901（b）（1）项"知情证人的证言"、第 901（b）（3）项"专家证人或事实审判者所进行的比对"、第 901（b）（4）项"独特的特征及类似特点"（如哈希值或电子签名）三种方式进行鉴真。其中，若当事人提出的电子证据为公共记录，则可通过第 901（b）（7）项"关于公共记录的证据"进行鉴真。若当事人提出的是经过过程或系统输出后的结果，例如通过系统计算输出的生产利润所得表，则需要通过第 901（b）（9）项"关于过程或者系统的证据"进行鉴真。

除了上述鉴真方式外，《联邦证据规则》第 902 条还提出了 14 种自我鉴真的情况。也就是说，若当事人欲提出此类电子数据作为证据，不要求当事人为了证据被采纳而提供关于鉴真的外部证据。其中，与电子证据相关的有第（5）、（7）、（11）—（14）款。

表 4-5　　　　　　　　电子证据适用的自我鉴真规则

902 自我鉴真
（5）官方出版物。声称由公共当局发行的书籍、手册或其他出版物
（7）贸易标识和类似物。在商业过程中添附的用以表明原产地、所有权或者控制的标识、符号、标签或者标贴
（11）关于日常活动的、已获证明的国内记录
（12）关于日常活动的、已获证明的国外记录
（13）由电子程序或系统产生的、已获证明的记录
（14）由电子设备、存储设备或文档中拷贝而来的、已获证明的数据

第（5）款适用于电子形式的官方出版物，例如指导公民进行报税的电子手册，第（7）款适用于带有贸易标识和类似物的信息产品或电子形式的产品宣传资料。其中，第（11）、（13）和（14）款广泛应用于电子邮件、电子备忘录、字处理/电子表格和图像应用软件等生成的非结构化信息。

尽管电子证据作为数字信息拥有某些共同的特质，但不同类别的信息往往需要采取不同的鉴真方法，某一种鉴真方法可以适用于多种电子证据类型，而某一类电子证据也可以通过多种方式进行鉴真。然而这并不意味着一项电子证据符合某一种方式或者某几种方式就具有了完全的可采性。正如前文所说，鉴真是可采性的先决条件，是对当事人所称的那份证据的初像的证明。即使当事人提供了某种鉴真方式，只要对方当事人能够提出合理质疑，充分地证明该证据并非当事人所称的那份证据，则该证据仍然不会被采纳。相应地，若当事人提出证据并通过合理的鉴真方式予以了证明，对方当事人若在法定期限内不提出异议，则该证据就具有了可采性。

从理论上讲上述鉴真方式都可用于电子证据的鉴真，但在司法实践中，大部分的电子记录，尤其是业务活动中产生的信息记录，是通过第901条中的知情证人作证和公共记录，以及第902条中日常活动记录自证、电子程序或系统记录自证、电子存储设备或文档拷贝数据自证的方式进行间接鉴真的，而较少采用专家证人比对或特殊标识的技术手段进行证明。[1] 在刑事案件中，由于经常会遇到电子数据被删除或销毁的情况，需要利用恢复程序或其他技术进行补救。在这种情况下，法庭对于电子证据会有较高的技术标准要求。例如在盖茨橡胶公司诉日本坂东化学工业股份公司（Gates Rubber Co. v. Bando Chemical Industries）一案中，科罗拉多州法院认为"当事人提供的系恢复后的计算机证据，有义务证明其使用的相关取证技术能产生最完整和准确的结果"[2]。因此，在该电子证据的结果认证上需由专门的专家证人进行鉴定并出庭作证。对于含有大量技术分析过程或手段的电子证据，例如计算机模拟证据，则需要按照科学证据或技术证据（Scentific/Technical Evidence）的标准进行鉴真。

---

[1] 刘品新：《美国电子证据规则》，中国检察出版社2004年版，第111页。

[2] Casetext, "Gates Rubber Co. v. Bando Chemical Industries, Ltd., 167 F. R. D. 90 (D. Colo. 1996)", https：//casetext.com/case/gates-rubber-co-v-bando-chemical-industries-ltd? sort = relevance & q = Gates%20Rubber%20v.%20Bando%20Chemical%20Industries&p = 1&tab = keyword&jxs = &type = case.

（三）电子证据与最佳证据规则

最佳证据规则又称为原件规则，是针对书面证据的一项规则。通常而言，最佳证据规则认为原件具有更高的可信性，其逻辑在于防止书面材料在复制过程中产生的不准确性。在前文分析中可以看出，电子证据在美国和加拿大的立法中都属于广义的书证范畴，因此在证据的采纳阶段势必会面临最佳证据规则的限制。

美国《联邦证据规则》第1002条规定"为证明书写品、录音和照片的内容，应要求提供原件"；第1003条规定"副本具有与原件同等程度的可采性，除非出现下列情况：（1）对原件的可信性产生了真正的怀疑；（2）在具体情况下采纳该副本将导致不公平"。需要注意的是，这里的原件和副本都有特殊的含义。首先，"原件"并非指记录活动中形成的第一个书写品、录音或音像，而是以签发者人的"意图"（intent）为判断标准。原件"是指该书写品或者录制品本身，或者其签发者或者发行者旨在使其具有同等效力的任何对等物。""照片的原件包括底片和由底片冲洗出的任何照片"。从这个意义上说，原件并非只有一份，也并非是第一份，例如售货员提供给顾客的使用复写纸呈现的销售小票。书写品是不是原件，还取决于举证者的证明意图。例如，一封电子邮件，如果用来证明写信人的心态或写信人已经发出信函，那么写信人保留的文本就是原件；如果要证明收件人已收到或知悉，那么送达通知或者收件人处的文本才是原件。而"副本"是指"任何机械、摄影、化学、电子或者其他过程或技术形成的、能准确复现原件"的对等物。可见，并非所有的复印件都是副本，作为副本的条件是"能准确复现原件"。

在物理上电子证据是以"0"和"1"的电信号形式存在的，其构件以代码的形式分散在系统程序之中。电子证据要想被人所理解，就必须借助计算机程序和相关软件，将构件组合呈现为人眼可以识别的形式。可以说，在屏幕上的每一次呈现，都是一次新的组合过程，也就无原始性可言。因此，《联邦证据规则》第1001条（d）款专门规定"对于电子存储信息，打印物或其他能使用肉眼阅读的其他输出物,只要能够准确反映其信息,均为原件"①。根据这一条款,无论是打印物还是屏幕显示物,只要是能够准确反映电子证据所包含的信息,都可以视为原件。对于电子证据而言,"能准确复现原件"的副本,其功能实际上也与原件无异。

四 民事领域中电子证据与机构电子文件存在联系

在美国和加拿大的电子证据规则和相关标准中,都存在与机构电子文件的关联点。这种联系体现在电子证据的认证(证据规则)和收集(民事诉讼规则或相关标准)两个层面。

(一) 电子证据的认证层面

在美国和加拿大的证据法中,"业务记录"(business records)作为中间点将证据与电子文件连接起来,这种连接实际上产生于传统纸质时代,并且通过广义的书证概念以"不计形式"的说法延续到电子证据与机构电子文件的关系中。

(1) 美国《联邦证据规则》中的连接

表 4-6　美国《联邦证据规则》中与机构电子文件的关联点②

规则类型	联邦证据规则条款	条款内容	证据类型
范围与定义	101 (b) (4)	"record" includes a memorandum, report, or data compilation	—
	101 (6)	a reference to any kind of written material or any other medium includes electronically stored information	—
传闻例外	803 (6)	Records of a Regularly Conducted Activity	所有形式
	803 (7)	Absence of a Record of a Regularly Conducted Activity	所有形式

---

① Legal Information Institute, "Notes of Advisory Committee on Proposed Rules on Rule 1001. Definitions That Apply to This Article", https://www.law.cornell.edu/rules/fre/rule_1001.

② 参见 Committee on The Judiciary House of Representatives, "Federal Rules of Evidence", http://uscode.house.gov/view.xhtml?path=/prelim@title28/title28a/node218&edition=prelim。

续表

规则类型	联邦证据规则条款	条款内容	证据类型
自我鉴真	902（11）	Certified Domestic Records of a Regularly Conducted Activity	所有形式
	902（12）	Certified Foreign Records of a Regularly Conducted Activity	所有形式
	902（13）	Certified Records Generated by an Electronic Process or System	电子形式
	902（14）	Certified Data Copied from an Electronic Device, Storage Medium, or File	电子形式

根据美国《联邦证据规则》（Federal Rules of Evidence）第101条（b）（4）规定"record"包括"备忘录、报告和任何数据集合"，根据这一定义，803（6）、803（7）、902（11）、902（12）中的Necords "kept in the course a Regularly Conducted Activity of a business, organization, occupation"指的就是"业务、机构或职业常规性活动中留存的记录"，也就是机构文件。因此根据《美国联邦证据规则》第803条传闻例外（6）款，机构文件可以作为传闻例外被法庭采纳，并将此类文件的鉴真责任归结到反方；根据第（7）款若在机构文件中无法找到关于某事的记载，则可以推定该事实不存在。第902条是关于"自我鉴真"（Evidence That Is Self-Authenticating）[①]的条款，根据第（11）和（12）款规定，机构文件经文件保管人、或符合联邦法律或最高法院或所在国法律规定的其他人证实，可以在不提供额外真实性证据的情况下被法庭采纳。也就是说，若"反方未对信息来源、制作方法或情况提出质疑"，则上述文件无须外部证据辅助进行真实性鉴定，可直接被法庭采纳为证据[②]。2011年《联邦证据规则》全面修订，增添了第101条（b）（6）项，规定包括"re-

---

[①] 《布莱克法律词典》将"self-authentication"注为："不需要关于真相或者真实性的外部证据而进行的鉴真。在联邦法院，某些书写品，例如经过公证的文件和经过核证的官方档案的复制件，可以通过自我鉴真采纳为证据"。

[②] Federal Evidence Review, "Supreme Court Approves Amendments to FRE 803（6）（7）（8）", April 29, 2014, http://federalevidence.com/blog/2014/april/supreme-court-approves-amendment-fre-8036-fre-8037-fre-8038-part-viii.

cord"在内的"任何形式的书写材料或者载体都包括电子形式存储的信息(ESI)"①,也就是说这里的"常规性活动记录"包括电子形式的常规性活动记录,从而将这种连接由"机构文件"顺承到机构电子文件上来。

第902条第(13)和(14)款是2017年针对ESI做出的新修订。这两个条款中的"电子程序或系统中产生的记录以及由电子设备、存储介质和文件夹中拷贝来的数据"显然也属于"电子文件"的范畴。根据这两个条款,电子程序或系统以及相关设备或存储介质中的电子文件,若经文件保管人或符合联邦法律或最高法院或所在国法律规定的其他人证实,可以在不提供额外真实性证据的情况下被法庭采纳。同样地,若"反方未对信息来源、制作方法或情况提出质疑",上述电子记录或数据可以直接被法庭采纳为证据。

(2)《加拿大证据法》中的链接

表4-7　　　加拿大《证据法》中与机构电子文件的关联点②

Definitions	
30(12)	record includes the whole or any part of any book, document, paper, card, tape or other thing on or in which information is written, recorded, stored or reproduced, and, except for the purposes of subsections (3) and (4), any copy or transcript admitted in evidence under this section pursuant to subsection (3) or (4)
39.1	document has the same meaning as in section 487.011 of the Criminal Code
Business records to be admitted in evidence	
31.8	electronic document means data that is recorded or stored on any medium in or by a computer system or other similar device and that can be read or perceived by a person or a computer system or other similar device. It includes a display, printout or other output of that data
30(1)	Where oral evidence in respect of a matter would be admissible in a legal proceeding, a record made in the usual and ordinary course of business that contains information in respect of that matter is admissible in evidence under this section in the legal proceeding on production of the record

---

① Committee on The Judiciary House of Representatives, "Federal Rules of Evidence", December 1, 2018, http://uscode.house.gov/view.xhtml?path=/prelim@title28/title28a/node218&edition=prelim.

② The Minister of Justice, "Canada Evidence Act", February 28, 2019, https://laws-lois.justice.gc.ca/PDF/C-5.pdf.

续表

Definitions	
30（2）	Where a record made in the usual and ordinary course of business does not contain information in respect of a matter the occurrence or existence of which might reasonably be expected to be recorded in that record, the court may on production of the record admit the record for the purpose of establishing that fact and may draw the inference that the matter did not occur or exist
30（4）	Where production of any record or of a copy of any record described in subsection (1) or (2) would not convey to the court the information contained in the record by reason of its having been kept in a form that requires explanation, a transcript of the explanation of the record or copy prepared by a person qualified to make the explanation is admissible in evidence under this section in the same manner as if it were the original of the record if it is accompanied by a document that sets out the person's qualifications to make the explanation, attests to the accuracy of the explanation…

加拿大《证据法》第30条（12）款将"record"定义为"任何书籍、记录（document）、纸张、磁带或其他承载书写、记录、存储或复制的信息的事物"。第（1）和（2）款中的"惯例与日常业务过程中产生的记录"（a record made in the usual and ordinary course of business）指的就是机构文件。根据这两条规定，机构文件可以不受传闻规则限制而被纳入诉讼证据。根据第30（4）款，当机构文件能够自证其在保管过程中符合要求时，无须进行额外说明，但当其不能自证真实性时，需要适格人员做出解释——而这一要求正是对机构文件管理高质量和机构文件管理人员高专业素质建设的极大的一个驱动。而"record"的定义的广泛性显然包含电子形式，从而将这种连接从机构文件顺承到机构电子文件中来。

（二）电子证据的收集层面

（1）美国《联邦民事诉讼规则》中的连接

2006年4月美国最高法院对《联邦民事诉讼规则》（Federal Rules of Civil Procedure, FRCP）中的ESI发现问题进行修订，这次修订涉及第16、26、33、34、37和45条，其中第37条（e）款："ESI保存不当"规定"除例外情况，对于当事人因对电子信息系统的常规、善意操作而造成的电子证据（ESI）的丢失行为，法院不应予以制裁"。司法委员会在说明（Notes of Advisory Committee on Rules）中进一步指出，这里的"常规操作"是指"系统因当事人技术和业务需求而设计、编排和执行的一般性操作"。由于 ESI 与机构文件在内涵上的高度重合性，这款规定将 ESI 的与机构电子文件的常规处置与销毁紧密联系在一起，被法律界称为"安全港"原则。2015 年，司法委员会针对该条款进行了更加严格的修订，指出若出现当事人因未采取合理措施造成 ESI 的丢失且无法修复的情况，法院可以（1）根据该行为对对方当事人造成的损失采取相应补偿措施；（2）对出于恶意造成 ESI 丢失的行为做出不利裁决。①

（2）加拿大国家标准《电子文件作为书证》中的连接

2017 年 1 月，加拿大政府发布了标准《电子文件作为书证》（CAN/CGSB - 72.34 - 2017 Electronic Records as Documentary Evidence）②，该标准旨在规范电子文件生成和管理的原则、方法与实践，为电子文件在法律诉讼中的可采性和证据力提供有力支撑。标准的主体部分包括了电子文件作为书证的法律要求和加拿大法律框架下的文件管理要求。其中 5.4 节依法留存（Legal Hold）直接指出了电子文件管理对于电子证据保护的影响，指出机构的文件系统应该能够根据法律诉讼、审计、审查、调查、质询以及其他信息获取的需要妥善保管相关文件并能够根据情况及时终止对文件的处置行为。

五 法律界对机构电子文件管理的认可

在上述法律条款和标准规定的指引下，美国和加拿大对于机构的电子文件管理责任有着充分的预期，对良好的电子文件管理行为有较高的认可度。

（一）电子文件管理被视为机构的必要责任

法律界普遍将业务信息记录的妥善保存与维护视为机构的必要责

---

① Committee on The Judiciary House of Representatives, "Federal Rules of Civil Procedure", February 1, 2018, https://www.uscourts.gov/sites/default/files/Rules%20of%20Civil%20Procedure.

② Canadian General Standards Board, *Electronic Records as Documentary Evidence*; CAN/CGSB - 72.34 - 2017, Standards Council of Canada, 2017.

任，这种认知最直接地体现在法官对电子证据相关问题的裁决中。

案例一：Kenneth Day 诉 LSI Corporation（2012 年）[1]

原告 Kenneth Day 起诉其就职的前公司 LSI Corporation，控诉内容包括单方违反合同且歧视雇员等。在电子取证程序中，被告律师仅要求案件中的个别相关人员检索并保留特定信息，而未告知所有人员留存一切可能有关的电子记录，这导致其中一位雇员未能保存与原告的雇佣和表现相关的 ESI。由于被告未能履行自己制定的文件保管期限政策，导致其他几类与原告相关的信息同样丢失，而上述缺失的信息对原告的控诉而言十分重要。法庭认为被告对诉讼中未能保存可能的相关证据负有责任，而且被告的文件留存行为不符合自己制定的文件保管期限政策。被告律师也未能正确履行告知责任且证言前后不一致。最后法庭认定可对被告做出不利推断并处罚款 10000 美元。

案例二：品牌处方药反垄断诉讼案[2]（1999 年）

20 世纪 90 年代初，一批零售药店纷纷起诉美国各个大型药品制造商对零售药店实施价格歧视，且与全国大型药品批发商合谋拒绝向小型药品商店提供折扣。这次诉讼浪潮涉及由 40000 多个零售药店发起的 100 多件诉讼。其中有一例因涉及 ESI 的发现问题而广为人知，即零售药店集体诉 CIBA – Geigy Corporation（以下简称 CIBA）。原告集体要求 CIBA 提供相关的电子邮件。CIBA 的电子邮件作为内部通信都存储在公司的计算机系统中。CIBA 估测其技术备份磁盘上有近 3000 万页的电子邮件数据，对这些邮件进行搜集、检索、整合并统一格式需要约 50 万到 70 万美元的花费。CIBA 请求法庭由原告承担相关发现费用。法官经调查发现电子邮件的搜集成本高的部分原因是 CIBA 使用的软件有一定缺陷，CI-

---

[1] FindLaw, "Kenneth Day V. Lsi Corporation Fka LSI", August 15, 2017, https://casetext.com/case/day-v-lsi-corp? tab = keyword&jxs = &sort = relevance&type = case&q = Kenneth%20Day%20LSI&p = 1.

[2] Casetext, "In re Brand Name Prescription Drugs, Case Number：94 C 897 (N. D. Ill. Jan. 19, 1999)", https://casetext.com/case/in-re-brand-name-prescription-drugs – 5.

BA也承认了这一点。同时，法官认为若当事人选择使用电子存储方式，那么应意识到检索系统或方法的必要性，并预见可能的管理风险。在面对ESI发现要求时，当事人应当能够比较容易地将电子数据转化为正常可用的形式。最后，法官判定CIBA履行上述发现要求，并承担因此产生的所有费用。

案例三：Zubulake诉UBS Warburg LLC（2003年）①

原告Laura Zubulake自1999年受雇于UBS Warburg有限责任公司，在一次晋升机会中未被提拔，并屡屡被新晋主管Matthew Chapin骚扰。Zubulake因此向均等就业机会委员会（EEOC）提起性别歧视的控诉，不久后被公司解雇。2003年，Zubulake正式起诉UBS Warburg，认为被告对自己进行性别歧视并错误终止雇佣关系。原告要求UBS Warburg公司提交所有与自己相关的电子邮件，UBS Warburg以证据收集成本过高为由拒绝，并申请由对方承担证据发现费用。法官认为电子邮件的发现费用是否过高取决于被告是否在最初就以可获取的形式对其进行保管。法官判定由被告优先承担该费用并视发现情况考虑费用的转移问题。最终所有的邮件恢复和检索费用共计273649美元，其中75%完全由被告承担。在此过程中，原告发现UBS在诉讼开始后曾删除相关邮件，导致原告寻找证人录制证言而产生额外花费。法官判定UBS未能采取必要的措施保证相关数据的保存和收集，给予以下制裁：（1）审判团可以对UBS进行不利推断；（2）由UBS承担原告因数据删除和未能恢复而产生的所有证言采集费用。

（二）法律界对电子文件保管期限与处置功能格外关注

在电子文件管理框架下，机构会根据业务运作和法律遵从的需要为所有的电子文件制定管理方案，如分类、设置留存期限计划（保管期限）并按照该计划对失去利用价值的电子文件进行定期销毁。电子文件管理的这

---

① Lexis Nexis, "Zubulake v. UBS Warburg LLC, 220 F. R. D. 212 (S. D. N. Y. 2003)", https://www.lexisnexis.com/community/casebrief/p/casebrief-zubulake-v-ubs-warburg-llc.

一核心功能直接关乎到司法诉讼中相关电子证据的保存与收集问题。美国《联邦民事诉讼规则》2006 年第 37 条（e）款的修订和《电子文件作为书证》的出台是法学界认可机构业务信息记录（电子文件）管理的直接体现，体现了对业务记录（电子文件）留存和处置问题的直接关注。除此之外，赛多纳会议协会发布的各种指南、EDRM 模型以及电子取证领域的诸多文献中也反复提及机构业务记录的留存与处置问题。

赛多纳会议研究协会在 2018 年发布了指南《赛多纳会议原则与评论：合规处置》①，这一指南在法律遵从（包括司法诉讼、监管调查等各类法律事务）框架下对机构的业务记录处置规划进行指导，其核心内容就是机构电子文件管理中的保管期限与处置功能。在赛多纳会议研究协会发布的其他诸多报告里机构的业务记录的处置问题也被反复提及，例如被美国和加拿大司法界广泛采纳的《赛多纳原则：电子记录呈供》《赛多纳加拿大原则：应对电子取证》《赛多纳指南：电子时代文件信息管理最佳原则与评论》等。《赛多纳术语表：电子取证与数字信息管理》② 还收录了"文件保管期限表"（records retention schedule）、"文件处置"（disposition）等词条，并附有详细的定义。

杜克法学院 EDRM 研究中心的电子取证参考模型（eDiscovery Reference Model）在北美电子取证领域受到广泛认可。该模型最早发布于 2005 年，后来经过数次修订。在 2005 年第一版模型中 EDRM 研究中心曾将"文件保管期限管理"（records retention）作为电子取证流程的第一阶段，2005 年的第二版中改为"文件管理"。尽管在 2014 年的最新修订中，"信息治理"被放在第一阶段的位置，但在其官方解释中，信息

---

① Sedona Conference Working Group 1, "Sedona Conference Principles & Commentary on Defensible Disposition", August 1, 2018, https://thesedonaconference.org/publication/Commentary_on_Defensible_Disposition.

② Sedona Conference Working Group 1, "The Sedona Conference Glossary: E-Discovery & Digital Information Management", https://thesedonaconference.org/publication/The_Sedona_Conference_Glossary.

治理的核心功能仍是对机构业务记录的合规处置。其他几个阶段分别为识别、保存、收集、处理、审查、分析、发现和展现。实际上，EDRM在 2012 年就提出了专门的信息治理参考模型（Information Governance Reference Model）。信息治理参考模型是一个描述机构内相关利益方合作关系的战略模型，该模型阐释了机构为完成电子取证任务所需的各方协同合作关系，包括业务、信息技术、法律、文件与信息管理、隐私与安全。EDRM 认为电子取证模型可以看作信息治理的一个特殊用例。[1] 随着电子取证技术和技巧的继续发展，信息治理将会更受机构关注。若机构能够实现法律部门、文件与信息管理部门等各方协调合作的信息治理模式，电子取证将成为机构信息治理平台的一部分，从而促进企业信息资产保护、文件保管期限政策和电子取证流程的高效聚合。[2]

在电子取证领域的相关著作中，对机构业务记录（电子文件）的关注更是数不胜数。早在 2001 年，电子取证（E-discovery）一词尚未广泛使用之前，Brian Organ 在《电子证据的可发现性》中就讨论到了公司因遵守已有的文件保管期限/销毁政策而可能造成的证据破坏的问题。[3] Martin H. Redish 在《杜克大学法律期刊》上的《电子取证与诉讼模型》一文是电子取证早期被广泛引用的研究成果之一，文中指出在过去商业诉讼案中当事人是否采用基于计算机的文件管理系统被视作一种自愿行为，但在现代商业世界里没有企业的成功能够不依赖电子信息存储和通信方法。[4] 2003 年 Linda Volonino 在《电子证据与计算机鉴识》中专门

---

[1] EDRM Duke Law School, "Information Governance", https://www.edrm.net/frameworks-and-standards/information-governance-reference-model/.

[2] Marcus Ledergerber and Matthew Knouff, "Better E-Discovery: Unified Governance and the IG-RM", Tech. for Litig., Vol. 6, 2012, pp. 8–12.

[3] Brian Organ, "Discoverability of Electronic Evidence", Law & Contemp. Probs, Vol. 253, 2001, pp. 280–81.

[4] Martin H. Redish, "Electronic Discovery and the Litigation Matrix", Duke Law Journal, Vol. 51, 2001, pp. 561–628.

利用一个章节介绍了"电子文件管理"(ERM),认为电子文件保管期限和对无用文件的销毁行为可以帮助削减电子取证的成本,避免证据的意外破坏和丢失。[①] 2004年出版的《电子取证:法律与实践》是该领域最早的著作之一,该书中专门讨论了"保管期限政策、电子信息存储与组织、电子信息保存的早期介入"等问题。[②] 2008年《电子取证:创造和管理企业项目》一书中提到律师需要收集、审查和保存大批量的业务电子文件,不仅包括合同、表格等结构化数据,还涉及电子邮件、短信、备忘录等非结构化数据。这些非结构化的电子文件,往往隐藏着案件的关键确凿证据(smoking gun),若管理不善,会极大增加电子取证的难度。书中利用两个章节专门讨论组织内的信息与文件管理问题,并呼吁在两个领域间建立更紧密的联系。[③]

(三)法律界倡导信息管理/治理框架下的电子文件管理

可以说,在美国和加拿大,从电子证据在法律界受到关注开始,围绕机构业务电子文件(business electronic records)的管理话题就从未缺席。这种链接关系以电子取证为主导,从最初的文件保管与处置政策到电子文件管理,再到电子文件/信息管理,直至最新的"信息治理"。

2009年,Gartner的市场分析报告中指出电子取证正转向全面的"信息治理"。Robert F. Smallwood在《信息治理:概念、战略与最佳实践》中将信息治理定义为一个"包含法律、文件管理、信息技术、风险控制、隐私与安全和业务运作多个领域的超级学科"[④]。通常情况下,律师不会考虑到电子信息记录的处理问题,而到诉讼危机产生需要收

[①] Linda Volonino, "Electronic evidence and computer forensics", *Communications of the Association for Information Systems*, Vol. 12, No. 1, 2003, p. 27.

[②] Adam I Cohen and David J. Lender, eds., Electronic Discovery: Law and Practice (3rd), Los Angeles: Aspen Publishers, 2004.

[③] Karen A. Schuler, *E-discovery: creating and managing an enterprisewide program: a technical guide to digital investigation and litigation support*, Oxford: Syngress, 2008.

[④] Robert F. Smallwood, *Information governance: Concepts, strategies, and best practices*, John Wiley & Sons, 2014, p. 6.

集证据时则为时已晚。因而企业需要采取积极行动,在问题出现之前就采取有效的管理策略,而信息治理能够提供这样一个多方合作的战略框架。2012 年法律公司信息治理交流会(The Law Firm Information Governance Symposium)成立,并于 2013 年发布了《电子取证与信息治理任务小组报告》[①]。

2012 年,杜克法学院 EDRM 研究中心在电子取证参考模型之外,又发布了独立的信息治理参考模型(Information Governance Reference Model,见图 4-3)。EDRM 认为信息治理就是对机构信息记录从最初生成到最终处置的全周期管理行为,每一次电子取证都可以看作机构信息治理的一个具体案例,是信息治理理念的具体体现。

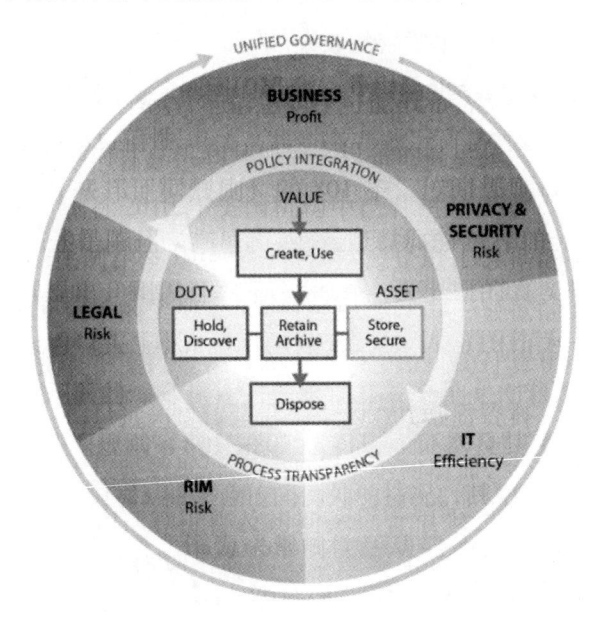

图 4-3 EDRM 的机构信息治理参考模型[①]

---

① The Law Firm Information Governance Symposium, "E-Discovery And Information Governance Task Force", http://www.ironmountain.com/resources/whitepapers/e/ediscovery-and-information-governance-task-force-report.

② EDRM Duke Law School, "Information Governance", https://www.edrm.net/frameworks-and-standards/information-governance-reference-model/.

信息治理参考模型阐释了信息治理中的利益相关者与信息生命周期间的关系。信息治理首先是一个责任模型，强调通过一体化的政策促进各利益相关者之间的沟通合作，促进机构信息管理过程的透明化。根据EDRM的官方介绍，模型的中心是信息的生命周期模型，包括从生成到处置的各个步骤。从外围来看，各利益相关者在信息生命周期中的关注点各有不同。从顺时针的方向看，机构开展业务活动是为了获得利润、降低成本或者满足客户。信息的生成是为了上述目的而服务的。在整个生命周期中，机构有责任确保信息被妥善处理，个人信息或其他保密信息得到应有的保护。这里会涉及信息的分类，以保证信息能够被快速检索，在诉讼取证或调查取证中更容易获取。在信息的存储和传输中，IT部门负责适用信息技术保证信息管理的效率并降低管理成本。文件信息管理部门负责根据机构所属司法辖区的法律法规，决定信息的留存范围、时间、地点和形式。信息一旦形成，就有可能落入依法保留或证据开示的范围，法律部门专门负责帮助机构应对这些潜在的法律风险，包括可能的诉讼、监管调查、客户索赔等。信息治理模型强调机构内部业务、隐私安全、IT、文件信息管理和法律部门的共同合作，希望通过构建这样一个治理模型调解各部门间的互相依存关系，驱动各部门在信息治理过程中寻求共同利益。

现今，信息治理已经成为电子取证领域研究机构的关注热点。EDRM的信息治理参考模型经常被律师、技术工作者和机构管理人员借鉴，成为优化电子取证流程的关键工具[1]，而在主营电子取证（E-discovery）业务的公司网站首页，信息治理也成为必备版块。

虽然近几年来，信息治理作为一种新颖的管理理念在法律界受到大力追捧，但稍加分析就会发现，信息治理看似是一个全新的概念，实际上可以看作电子文件管理功能在机构战略层面的拓展和提升。《全球公

---

[1] Marcus Ledergerber and Matthew Knouff, "Better E-Discovery: Unified Governance and the IG-RM", *Tech. for Litig.*, Vol. 6, 2012, pp. 8 – 12.

司信息治理基准报告》对来自 1000 家公司的从业者进行问卷调查，结果显示 100% 的被调查者认为合规的信息处置是机构信息治理的主要目的。① 这一点在 EDRM 电子取证参考模型的历届版本的演化中体现得尤为明显。在 2005 年的雏形版本中，EDRM 首次将文件保管期限（Records Retention）列为电子取证流程的起始步骤。在随后发布的正式版本中，文件管理（Records Management）取代文件保管期限成为更规范的表达。2009 年 EDRM 发布电子取证参考模型 2.0 版本，使用信息管理（Information Management）取代了文件管理，仍被视为电子取证的起点。2014 年新版电子取证参考模型中，信息治理参考模型才被排列在证据识别的前位。同时，仔细观察信息治理模型，会发现该模型中采用的生成、处置等术语，仍是电子文件生命周期中的核心词汇。在相关利益者模式中，电子文件管理功能被缩减为信息的留存和处置行为。实际上，在文件档案工作者看来，模型外环中的业务运作、隐私安全、IT 效率等都可以看作电子文件管理框架下的一部分。

然而，正如 EDRM 在其官网上所阐释的那样，在信息管理和电子取证领域其实已经存在很多生命周期类的模型，例如文件管理生命周期模型和电子取证参考模型。但是这些模型大都来自单一学科，专业性强且过于注重细节，难以引起机构中的高层管理人员的关注，无法获得战略层面的支持，因而难以为机构的信息管理情况带来真正的改变。而信息治理模型从机构治理的高度出发，综合了信息生命全周期中可能涉及的所有利益相关部门，更容易在高层面上推进相关改革举措。②

可见，无论我们把这种现象看作电子文件管理功能的提升和延伸，还是调动各部门协调合作的信息治理新框架，都不可忽视的一点就是机

---

① CGOC, "Information Governance Benchmark Report in Global 1000 Companies", http://info.cgoc.com/CGOCBenchmarkReportDownloadInformationGovernance_ RegistrationLP.html.

② EDRM Duke Law School, "Why do we need another information management diagram?", https://www.edrm.net/frameworks-and-standards/information-governance-reference-model/using-the-igrm-model/.

构信息记录的管理已经成为战略层面的问题,这既是机构开发利用信息资源的需要,也是机构遵从相关法律法规、应对法律风险的需要。以往,机构只有在收到起诉状或者面临监管调查、索赔要求时,才会召集律师专门应对其中的电子取证问题。而现今,美国的法律从业者尤其是那些高度专业的律师群体,已经跳出原有的单个案例单个处理的被动应对方式,而是从 ESI 管理的层面向机构提供建议。

六 文件管理领域由电子取证向法律界拓展

面对电子证据发展带来的良好机遇,美国和加拿大的文件档案界借助电子文件管理与电子取证上的紧密连接,积极与法律界展开沟通,向法律界推广电子文件管理的相关理念(例如全程管理、分类方案、保管期限和处置功能),积极提升电子文件管理在司法领域的作用,其中的典型案例就是国际文件经理与主管协会(Association of Records Managers and Administrators International,ARMA)和加拿大的国际电子文件研究项目"电子系统中文件真实性永久保障国际合作项目"(InterPARES)。

国际文件经理与主管协会 1955 年成立于美国,是国际文件管理领域的知名协会,长期为文件管理工作者提供资源、工具和培训,在文件管理领域有很大影响力。发展至今,ARMA 已在全球 30 多个国家拥有 27000 多名会员,分布在政府、法律、医疗保健、金融服务和石油等各行各业。《文件管理共识原则》(Generally Accepted Recordkeeping Principles)是 ARMA 的核心成果之一,其中的保管期限原则(Principle of Retention)认为机构应该合理控制文件和信息的保管期限,将法律、监管等需求纳入考量。在电子取证领域广泛受到认可的《赛多纳会议原则》中,ARMA 的《文件管理共识原则》被多次引用,其中的观点被作为机构法律遵从中的重要指导。2010 年 ARMA 积极响应在管理界和法律界逐渐兴起的信息治理的趋势,在《文件管理共识原则》的基础上发布了《信息治理成熟模型》(The Information Governance Maturity Model)。该模型在针对每条原则划分出治理状态的五个等级,并将是否满足法律或监管要求作为重要衡量标准之一。2012年，ARMA提出了信息治理职业认证计划，指出信息治理从业者需要与机构内多个功能部门交互，包括信息技术、法律、文件管理和业务部门主管等。

加拿大国际电子文件研究项目InterPARES起始于1999年，长期关注数字文件管理与保存领域产生的问题与挑战。2017年，在InterPARES的积极努力下，加拿大政府发布了前文提到的标准《电子文件作为书证》[1]，该标准从法律遵从的角度对机构的电子文件生成和管理的原则、方法与实践提供了指导，明确指出依照该标准管理框架下的电子文件在法律诉讼中将具有更高的可采性和证明力，从而将电子文件管理与电子证据的认证直接对接起来。

第六节　电子文件管理与电子证据认证的关系

一　电子证据认证面临的主要挑战

前文提到，电子证据的鉴真通常被认为是形式上的审查。但在实践中，由于电子信息记录本身构成就具有复合性，加之如今的数字技术和生成环境越来越复杂，电子证据的鉴真并非能够简单地归为形式上的审查。计算机程序的可靠性、数字记录生成系统和环境的安全性、电子记录内容的齐全与否都有可能成为鉴真中当事人争议的焦点。而这些质疑最后到底能否影响证据的采纳，还是应该归结为证据力问题留由陪审团或法官决定，不同的法庭甚至不同的法官在实践操作中都有所差异。例如，在前文提到的Vee Vinhnee破产案中，法庭采用了Edward Imwinkelried教授提出的电子记录11步鉴真规则，要求提供关于计算机是否可靠、业务程序是否有内置安全措施等证明，这一判例采用的严格鉴真标

---

[1] Canadian General Standards Board, *Electronic Records as Documentary Evidence*: CAN/CGSB-72.34-2017, Standards Council of Canada, 2017.

准受到了很大争议。①

根据赛多纳会议研究协会发布的报告②，电子证据的真实性认证所面临的主要挑战大致可以分为五类：(1) 电子信息记录在存储过程中是否保持完整性的问题；(2) 共享协作环境中生成的电子信息记录的真实性问题；(3) 由程序/系统计算或自动生成的记录所依赖的程序/系统的可靠性问题；(4) 聚合文档的真实性问题；以及 (5) 电子信息记录制作者的身份确认问题；③ 下文将对这五大问题进行具体分析。

(1) 电子信息记录在存储过程中是否保持完整性（integrity）的问题。在 Vee Vinhnee 破产案中，第九巡回上诉法庭指出对存储在计算机中的信息记录而言，对其真实性的认证首先关注"该记录在被放入文档至当庭展示"这段时间内发生了什么，也就是说，"当事人所提供的记录是否能一直准确地代表原始生成的记录。"④ 这一裁决成为美国电子信息记录鉴真中的重要判例。而数据库或信息系统中的记录需要考虑的问题更多，包括数据库或系统的访问控制情况、信息记录的录入方式以及备份系统的结构和执行情况都在一定程度上影响数据库/系统生成记录的完整性（integrity），关系到该记录自生成后是否发生过更改。在我国，完整性审查也是电子证据认证的第一步。

(2) 共享协作环境中生成的电子信息记录的真实性问题。一直以来，电子信息记录的生成或存储的环境是否可靠是电子证据认证的焦点之一。例如美国 Vee Vinhnee 破产案中，法庭采纳了 Edward Imwinkelried

---

① Cooper Offenbecher, "Admitting Computer Record Evidence after In Re Vinhnee: A Stricter Standard for the Future?", Washington Journal of Law, Vol. 4, Iss. 2, 2007, p. 6.

② Sedona Conference Working Group 1, "The Sedona Conference Commentary on ESI Evidence & Admissibility", https://thesedonaconference.org/download-publication? fid = 489.

③ Committee on The Judiciary House of Representatives, "Federal Rules of Evidence", http://uscode.house.gov/view.xhtml? path = /prelim@ title28/title28a/node218&edition = prelim.

④ Casetext, "American Express Travel Related Services Co. v. Vinhnee (In re Vinhnee), 336 B. R. 437 (B. A. P. 9th Cir. 2005)", https://casetext.com/case/in-re-vee vinhnee? tab = keyword&jxs = &sort = relevance&type = case&resultsNav = false.

教授提出的"计算机记录 11 步鉴真"方法,其中第 2 步要求当事人能够证明"生成该记录的计算机是可靠的"。这一要求看似简单,实则难以满足。尤其是接入互联网的计算机,若不配置相应的安全软件或进行定期的系统更新,其本身就一直存在潜在的安全隐患。虽然在电子鉴真中,对于计算机系统的安全性是否应由证据的提出者予以证明仍存在争议,但电子记录生成或存储环境的安全性确实容易成为对方当事人对证据进行质疑的理由。即使电子记录未因为可能的安全性问题被法庭拒之门外,在正式的庭审中双方仍然可以针对系统安全对该电子记录的可信性的影响展开辩论,从而影响其证据力的认定。随着"共享"文化的兴起,越来越多的电子记录是在共享式的数字办公平台或系统中形成的。在这种高度交互的动态环境中,一项记录的访问、修改、存储和添加可能是由多人共同完成的,这为辨识电子记录的作者、证明记录的完整性增加了难度。

(3) 由程序/系统计算或自动生成的记录所依赖的程序/系统的可靠性问题。这类问题通常出现在由计算机程序或系统自动生成的、或者由人工输入但仍需通过程序或系统的运算而生成的电子记录。例如代理服务器生成的网站访问日志、经系统计算产生的企业盈亏报表等。因为此类数据的真实性很大程度上依赖于其生成程序或系统的配置与操作。然而关于程序或系统的专业知识可能只有开发此程序或系统的程序员才了解。如今市场上大量的开源程序软件使得其代码易于解读和获取,然而由于缺乏专业的维护也同时可能面临程序或系统的不可靠性的问题。因此机构在采购系统或者办公软件时,应该对这些问题进行充分考虑,评估可能存在的风险与解决方案。

(4) 聚合文档的真实性问题。聚合文档通常以摘要或者总结的方式呈现,其中的信息通常来自不同的来源。现在的有些专家智能系统可以从不同的系统或数据库中抽取信息,汇聚成总结报告的形式。例如,某 OA 系统可以根据员工的打卡记录、请假申请记录和日志安排生成月份总结报告。这时,确认相关作者或者所属者就成了新问题。证据提出者可能并没有能力判断每段文字的具体作者,这就给证据的真实性判断带来了困难。这类证据是否应该被排除在证据之外,还是通过形式上的鉴真就可以采纳而由法庭具体判断其证据力? 这些问题需要相应的规范予以澄清。

(5) 电子信息记录制作者的身份确认问题也被认为是电子证据采纳中面临的一大问题。与传统纸质书证相比,电子信息记录本身就面临着无法通过肉眼或字迹辨认的方式确认制作者的问题,而如今各种动态、互动的网络环境和碎片化的数字记录方式更是增加了这一问题的难度。

二 电子文件与电子证据真实性的对接

(一) 真实性保管确保一定时间段内的证据完整性

美国和加拿大法律中的"Authentication",对应的是证据采纳前的鉴真程序,美国《联邦证据规则》第901 (a) 款指出证据提出者举证时,必须另外提供外部证据,以证明该证据就是其所主张的证据[①];加拿大《证据法》第31.1条也规定"提出电子记录的人有责任提供外部证据以证明该电子记录就是其所声称的那样"。也就是说鉴真为了初像地证明举证人要在法庭上展示的那份证据就是其"所声称的那份证据",解决的是同一性的问题,而非证据事实的真实性问题。证据的真实性(authenticity)直接指向的是事实真实,在英文判例中,则更多以"trustworthiness""reliability"这样的词语出现。这一真实首先要求记录在生成时是对当时实际发生的事实的准确、完整、客观的反映,其次要求记录生成后一直保持原貌未受到更改。

"authenticity"一词在美国和加拿大文件档案管理界也都有相关界定。加拿大InterPARES将"authenticity"定义为"如文件本身所声称的那样,不受篡改或污染"。美国档案工作者协会给出的定义更为清晰:电子文件的真实性是指文件真实的品质,并不是伪造的,也未受过更

---

① The Law Dictionary, "Authentication", https://thelawdictionary.org/.

改,可以从文件的内部和外部特征中推断出来,包括文件的物理特征、结构、内容和背景。其所附录的解释还指出,"authenticity"并不自动意味着文件的内容是可靠的。[1] 也就是说,文件档案界的真实性是指形式上的真实性,是忠于原始性而非历史事实本身,能够对电子证据的鉴真起到辅助作用,却不能自证其内容的可靠性。

电子证据领域常提到的 ESI 或 elctronic data 不受篡改或更改的品质,即完整性(integrity)在文件档案界也有对应的概念。美国档案工作者协会(Society of American Archivist,SAA)在其术语库中将"integrity"定义为"评估文件的本质属性是否改变的"相对性的一个概念,认为"integrity"是指文件保持整体性且未因丢失、篡改或污染发生变更。从档案上讲,archival integrity 还指在同一活动中形成的文件应作为一个整体进行保存,以保证其证据和信息价值。[2] "integrity"是相对于"completeness"而言的,"completeness"是指文件在生成时具备所有必需的物理结构和知识含义要素(physical and intellectual elements)。从其定义上来看,电子证据领域和文件档案界的"integrity"基本一致。

(二)可信文件的概念与法律上的真实证据相对应

事实上,在文件档案界,也有"可信"文件一说。加拿大 InterPARES 项目的第二阶段"动态、交互、体验式技术环境中的电子文件"(2002—2007 年)提出了一个支持文件"可信性"的概念框架,如图 4-4 所示[3]。根据这一框架,电子文件的可信性取决于三个条件:文件的原始真实性、文件内容的准确性和文件生成者的可靠性。其中,文件的原始真实性是由文件的身份(identity)和完整性(integrity)决定的。

---

[1] Society of American Archivisit, "Glossary of Archival And Records Terminology: Authenticity", https://www2.archivists.org/glossary/terms/a/authenticity.

[2] Society of American Archivisit, "Glossary of Archival And Records Terminology: Archival integrity", https://www2.archivists.org/glossary/terms/a/archival-integrity.

[3] Luciana Duranti and Randy Preston, eds., *International Research On Permanent Authentic Records In Electronic Systems (Interpares) 2: Experiential, Interactive and Dynamic Records*, Padova: CLEUP, 2008, p. 216.

文件的身份是指文件区别于其他文件所特有的属性，主要由身份元数据体现，例如文件的生成者、文件生成日期、时间、文件所参与的事务或动作等。完整性指的就是维护保存阶段文件保持整体性且不受更改。除了文件的原始真实性，真正决定文件可信性的在于生成阶段文件生成的可靠性和文件内容的准确性。前者取决于生成者的威信和对生成过程的控制，后者取决于生成者对于内容记录和表达准确度的控制。前文提到的真实性认证面临的挑战问题，多数能够从文件的生成控制中找到答案。如共享协作环境中生成的电子记录的真实性问题、由程序/系统计算或自动生成的记录所依赖的程序/系统可靠性问题、文件都属于对文件生成阶段的控制问题。对文件生成的控制决定了记录是否能够准确、完整、客观地反映业务活动或事务，从而决定了电子证据的事实真实性。

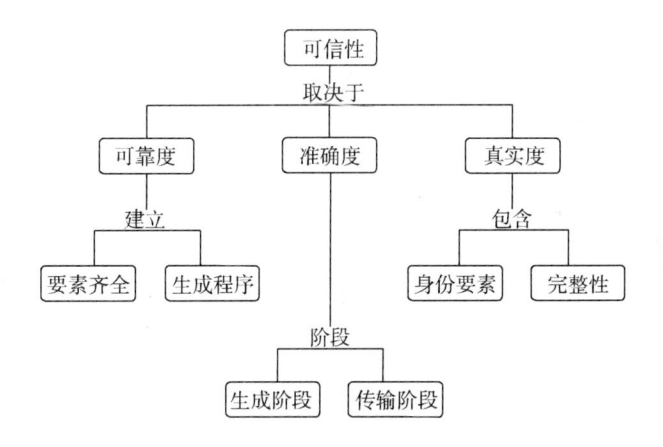

图 4-4 可信电子文件的概念框架

第五章　编码呈现：中国

第一节　电子证据的概念

一　法学界的电子证据概念

我国学界对电子证据的理解有广义和狭义之分。持"狭义观"的学者认为对我国诉讼法的证据体系而言，狭义的电子证据观可以避免与视听资料、书证、物证等传统证据形式发生内涵上的交叉，因此不宜将所有与计算机有关的证据都纳入电子证据的范畴，而应将其范围限定为与电子计算机紧密联系的那类证据。[①] 狭义观认为电子证据的含义应从两个方面把握：一是证据的生成必须以计算机或计算机系统为必需的手段；二是证据的收集、审查必须以电子计算机相关专业为依托。[②] 例如：借助计算机可以将视听资料、证人证言转化为电子版本存储、展示，但这些证据仍然是视听资料、证人证言，而非电子证据。持"广义观"的学者认为"一切用来证明案件事实的、由电子、光学、磁性、电磁技术或类似手段生成、发送、接受和存储的数据或信息都是电子证据"[③]。随

[①] 徐燕平、吴菊萍、李小文：《电子证据在刑事诉讼中的法律地位》，《法学》2007年第12期。
[②] 常怡、王健：《论电子证据的独立性》，《法学》2004年第3期。
[③] 邵军：《论电子证据在我国的适用》，《政治与法律》2005年第2期。

着信息通信技术在我国的快速发展，广义的"电子证据"概念越来越为人们所接受。

除了电子证据外，我国也有"计算机证据"和"数字证据"的说法。早期大多数电子数据的物理载体都与计算机有关，"计算机证据"的说法应运而生。如今尽管仍有学者从"计算机系统"的视角来定义和研究电子证据，但计算机证据更多时候被视作电子证据的主要表现形式。后来随着数字技术的发展，手机、数码照相机、摄像机等电子设备也可以存储、处理、传输数据，计算机不再是唯一的电子数据来源，因而出现了数字证据的说法。[①] 目前我国学界讨论的绝大多数电子证据都是数字证据，然而"电子证据"一词由于广泛使用而被普遍接受，是目前最为常见的提法。

二 法律条款中的电子证据

由于我国没有专门的证据法，电子证据的相关规定以条款的形式分散在各类程序法和实体法中。我国法律中对电子证据的表述方式有"数据电文"和"电子数据"两种，界定方式有定义式和列举式两种。"数据电文"是我国早期《合同法》（1999年）[②] 和《电子签名法》（2004年）中的提法[③]。2016年9月，最高法、最高检和公安部联合颁布《关于办理刑事案件收集提取和审查判断电子数据若干问题的规定》（以下简称《关于刑事电子数据若干问题的规定》）第1条对"电子数据"的定义主要有四点：（1）该数据是在案件发生过程中形成的；（2）是以数字化形式存储、处理、传输的；（3）能够证明案件事实；（4）将以数字化形式记载的传统证据类型，比如证人证言、被害人陈述等排除在"电子数据"的概念之外，但同时规定此类证据的"收集、提取、移送、审查"可参照电子数据的相关规定。1999年的《合同法》（现内容被

[①] 虞磊浩：《论电子证据对刑事搜查的挑战》，《中国刑事法杂志》2009年第6期。
[②] 全国人大常委会：《中华人民共和国合同法》（中华人民共和国主席令第15号），1999年。
[③] 全国人大常委会：《中华人民共和国签名法》（中华人民共和国主席令第18号），2004年。

《民法典》所替换)、2010年的《关于办理死刑案件审查判断证据若干问题的规定》(以下简称《死刑案件证据若干问题的规定》) 和2012年最高人民法院《民诉司解》采取的则是列举式,包括四类电子数据:(1) 网络平台发布的信息;(2) 网络应用服务的通信信息;(3) 用户注册信息、身份认证信息等网络信息;(4) 独立的电子文件,比如文档、图片、音视频等。

对比来看,我国法学界在电子证据一词的内涵上采取了较为宽泛的态度,一般认为电子证据就是能够用来证明案件事实的、以电子形式存在的信息或数据。但从立法上而言,"电子数据"的概念相对狭窄,是与传统证据类型并列存在的独立证据类型。

第二节 电子取证的构成

我国的电子取证在理论和实践上都起步较晚,2001年我国第一篇以"计算机取证"为题名的文献才出现。2004年9月,"北京网络行业协会电子数据司法鉴定中心"成立[①],标志着电子取证实践的正式开启。2005年公安部发布《公安机关鉴定机构登记管理办法》和《公安机关鉴定人登记管理办法》,将电子证据纳入鉴定范围。2006年6月首届中国计算机取证技术峰会在北京召开[②],广东、北京、上海等发达省市开始建立专门打击计算机犯罪的网络警察队伍,全国各省市级公安机关有专门部门负责处理计算机犯罪案件。[③] 如今电子取证在公安系统已经全面开展,按照要求,公安部门网监系统、刑事技术鉴定机构都建有取证实验室。社会上还出现了不少的以数据恢复、取证平台等服务为主的商

---

① 王群、李馥娟:《计算机取证技术实验室建设》,《实验室研究与探索》2013年第10期。
② 罗丽琳:《基于代理方签名电子取证模型的技术及应用研究》,硕士学位论文,重庆大学,2008年。
③ 刘尊:《网络电子取证技术研究》,硕士学位论文,西北工业大学,2005年。

业取证公司。①

　　电子取证是目前我国电子证据领域最受关注的话题。究其原因，是因为随着电子证据相关的法律法规出台，加之2012年起我国三大诉讼法先后将电子数据列入证据类型，电子证据在我国法律中的证据身份已经得到正式认可，并且越来越多地出现在各类诉讼案件中。电子证据的法律定位和证据效力问题已经得到基本解决，但电子取证涉及取证主体、诉讼程序、取证规则、技术工具等各种法律规范和实践操作问题，如何从纷繁复杂且不断变化的数字网络环境中获取真实可靠的电子证据是司法实践绕不开的问题。

　　目前在我国司法实务中电子取证有数字取证、计算机取证、电子证据的收集、电子数据的取证等多种表述方式。② 在学术界电子取证有广狭义之分，其区别主要体现在案件类型、取证对象、取证主体和取证目的上。早期的取证技术是为了应对计算机犯罪而产生的③，这一运用计算机技术对计算机犯罪进行证据获取、保存、分析和出示的过程通常被称为"计算机取证"④，也即狭义的"电子取证"。狭义的电子取证是一门"涵盖计算机科学、法学和刑事侦查学"的交叉科学⑤，在实践中用来解决大量的计算机犯罪事故，包括盗用知识产权、网络合同欺骗和涉嫌经济犯罪等各类案件⑥。这类案件通常涉及刑事犯罪，由公安机关或检察机关

---

① 艾绍新：《Windows 数据恢复技术在电子取证中的应用研究》，硕士学位论文，东北石油大学，2013 年。
② 刘品新：《电子取证的法律规制》，《法学家》2010 年第 3 期。
③ 文淼：《电子取证技术在毒品犯罪案件中的应用研究》，硕士学位论文，兰州理工大学，2014 年。
④ 张斌、李辉：《计算机取证有效打击计算机犯罪》，《网络安全技术与应用》2004 年第 7 期。
⑤ 文淼：《电子取证技术在毒品犯罪案件中的应用研究》，硕士学位论文，兰州理工大学，2014 年。
⑥ 姚远：《检察机关电子取证系统的设计与实现》，硕士学位论文，西安电子科技大学，2010 年。

介入侦查，取证主体是具有专业技术知识的网络警察或技术专家[①]，需要借助特殊的取证技术或工具对嫌疑电子设备进行证据的发现和分析，帮助回答计算机与网络犯罪的"时间、内容、相关人员、地点、目的、如何发生等相关问题"[②]，目的是在相关电子设备或网络空间中查找固定犯罪嫌疑人遗留的行为痕迹，还原电子数据所反映的真实形态，为案件诉讼提供支持[③]。从本质上讲狭义的电子取证就是"详细扫描计算机系统以及重建入侵事件"[④]的过程，是对犯罪过程的再构[⑤]。可见我国的电子取证概念等同于刑事电子取证（Digital Forensics）[⑥]。

随着我国信息技术的快速发展和信息基础设施建设的快速推进，政府、企事业单位和各类社会组织掀起了信息化的浪潮。电子证据的来源从传统的计算机扩大到移动 U 盘、传真机、手机、数码相机、智能手表、汽车等各类数字存储和生成设备，电子证据不再单单是以计算机犯罪为代表的"新型证据"，而是"所有传统证据的电子化，是传统证据在表现形式上变革的结果"[⑦]。相应地，计算机取证技术的研究范围也不断扩大，电子取证逐渐取代"计算机取证"成为主流的说法，其内涵也发生了变化。广义的电子取证是指"对存在于计算机、相关外设和网络中的潜在电子证据的识别、收集、保存、检查、分析和提交"[⑧]，其对象包含一切"能用来证明案件事实的电子资料和数据信息"，收集主体除网

[①] 张亦非：《电子取证综合服务系统的设计》，硕士学位论文，电子科技大学，2017 年。
[②] 杨中皇：《数字取证平台技术的研发》，《上海交通大学学报》2012 年第 2 期。
[③] 文森：《电子取证技术在毒品犯罪案件中的应用研究》，硕士学位论文，兰州理工大学，2014 年。
[④] 刘尊：《网络电子取证技术研究》，硕士学位论文，西北工业大学，2005 年。
[⑤] 丁秋峰：《一种电子数据可信取证形式化模型》，硕士学位论文，南京邮电大学，2012 年。
[⑥] 刘品新：《电子取证的法律规制》，《法学家》2010 年第 3 期。
[⑦] 刘品新：《论电子证据的定位——基于中国现行证据法律的思辨》，《法商研究》2002 年第 4 期。
[⑧] 陈龙：《计算机取证技术》，武汉大学出版社 2007 年版，第 6 页；赵小敏、陈庆章：《计算机取证的研究现状及趋势》，《网络安全技术与应用》2003 年第 9 期。

络警察和技术专家外还包括当事人、辩护律师等其他案件参与人员[①]。相比狭义的电子取证，广义上的电子取证内涵主要体现在三个方面：（1）跳出了刑事侦查的范畴，将取证对象拓展至存在于一切潜在电子证据，亦即电子数据；（2）不再局限于专业的计算机技术手段，只关注数据的电子存在形式，即"计算机、相关外设和网络中"的电子证据；（3）认可了除执法部门及鉴证专家外，当事人和律师等诉讼参与者在电子取证中的作用。

当前，越来越多的研究者倾向于赞同广义的电子取证观点，开始跳出计算机犯罪与侦查的视角，从一般性诉讼案件的层面探讨电子数据的取证问题。例如2010年刘品新在《电子取证的法律规制》一文中指出电子取证主体呈现多元化特点，取证主体不仅包括侦查人员、司法人员和行政执法人员，还包括诉讼各方当事人和律师，以及网络服务提供商甚至民间技术专家；2014年张昆在其硕士学位论文《云计算环境中电子取证技术研究与实现》中设计了基于云环境的企业电子取证系统[②]；2016年张苏媛在国际民事诉讼背景下剖析了我国域外电子取证冲突并给出建议；2018年贾园园基于广义的电子取证概念论述了电子取证的基本原则[③]。

总结而言，电子取证是随着我国司法实践工作的实际需要而逐渐发展起来的，从入侵取证反黑客开始[④]，电子取证技术的研究领域也不断扩大[⑤]，由刑侦计算机取证逐渐过渡到广义的"电子取证"。尽管越来越多的法学界人士开始承认当事人、辩护律师等其他案件参与人员（包括

[①] 刘品新：《电子取证的法律规制》，《法学家》2010年第3期。
[②] 张昆：《云计算环境中电子取证技术研究与实现》，硕士学位论文，电子科技大学，2014年。
[③] 贾园园：《论电子取证的基本原则》，《法制与社会》2018年第8期。
[④] 姚远：《检察机关电子取证系统的设计与实现》，硕士学位论文，西安电子科技大学，2010年。
[⑤] 文森：《电子取证技术在毒品犯罪案件中的应用研究》，硕士学位论文，兰州理工大学，2014年。

依当事人申请进行调查取证的法院）作为电子取证主体的合法地位。但由于我国电子取证的发展历史较短，以公安部和检察院为主体的刑事取证研究一直占据着主导地位，这类取证研究更侧重计算机技术手段在计算机和网络犯罪中的应用。以当事人为主体的民事诉讼中的电子取证实践一直存在，但相关研究仍然较少，尚未发展成为独立的分支领域。

第三节 直接全面链接存在与否的影响因素

一 电子文件与电子证据内涵上的重合

通过前文分析可以得知，我国的电子文件内涵十分广泛，根据《电子文件管理暂行办法》《电子文件归档与电子档案管理规范》和《电子档案管理基本术语》中的定义，可以概括为机构或个人活动中形成的"数字格式的信息记录"，其中"具有凭证、查考和保存价值"且被"归档保存"的那部分电子文件被称作"电子档案"。

就电子证据而言，我国法学界普遍认可广义的电子证据概念，即一切能够用来证明案件事实的、以电子形式存在的信息或数据。由此可以推断出，只要是能够用来证明案件事实的电子文件，应该都属于电子证据之类。从立法上来看，"电子数据"的范畴相对较窄，不包含传统的证据类型的电子形式，但从《关于刑事电子数据若干问题的规定》和2012年最高人民法院《民诉司解》列举的四大类电子数据类型（包括网络平台发布的信息、网络应用服务的通信信息、用户注册信息和身份认证信息等网络信息、独立的电子文件）来看，也基本涵盖了绝大多数的电子文件。

二 海量电子证据尚未成为电子取证的主要问题

从我国电子证据领域的相关文献以及互联网法院判决的大多数案例来看，针对电子证据数量的讨论并不普遍，关于真实性和证据规则的讨论仍然占主体地位，海量电子数据的筛查问题尚未成为我国司法诉讼中面临的主要挑战。

然而，研究中同时也发现，电子证据的"海量性"在近几年的取证研究中开始受到重视，例如：2012 年冯予君和王强在《网络犯罪的电子证据收集与固定》一文中提到电子证据具有海量存储性，相比传统证据而言在相同物理空间内所承载的信息量有了几何级的增长，互联网中的电子数据可以高速流转，快速传播。① 赵志岩认为目前电子储存设备的容量越来越大，案件中涉及的电子证据常为海量数据，靠人工推理和分析耗时、耗力，需要通过构建知识库实现对电子证据的自动化推理分析，以实现对犯罪类型的推理或犯罪案件的重构。② 许兰川等人认为如何在"拥有多用户、海量数据资源和分布式存储特点的云计算环境中"获得所需的证据线索是摆在电子取证工作者面前的新课题。③

这些研究的出现说明随着我国近几年信息基础设施建设的大力推进以及互联网技术的广泛应用和普及，电子证据的数量增长和筛查问题已经在电子取证中突显。但是，这些问题目前仍聚集在以网络和互联网侦查犯罪为主要目的的刑事取证领域，在民事取证领域尚未有显著体现。

三 我国法律和司法解释中的证据规则

由于我国没有专门的证据法，有关证据规则的条款集中在我国三大诉讼法以及部分实体法中，其中有关电子证据认证（法律中也称为审查判断或认定）的条款更是少之又少，图 5-1 对我国现行法律和司法解释中有关电子证据真实性认定的标准和方式进行了梳理。

电子证据认证的另一个问题是原件规则问题。原件规则在传统纸质时代已经存在，《民事诉讼法》第 70 条规定书证和物证应当提交原件，

---

① 冯予君、王强：《网络犯罪的电子证据收集与固定》，《中国检察官》2012 年第 5 期。
② 赵志岩：《电子证据自动化推理方法的设计与实现》，《中国人民公安大学学报》（自然科学版）2016 年第 2 期。
③ 许兰川等：《云计算环境下的电子取证：挑战及对策》，《刑事技术》2017 年第 2 期。

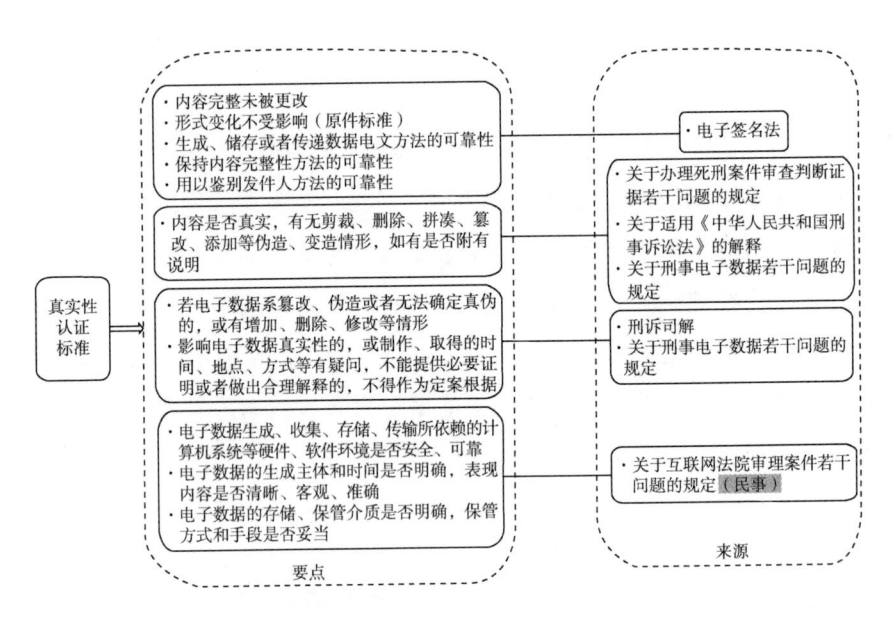

图 5-1 电子证据的真实性认定标准

真实性认证标准

要点：
- 内容完整未被更改
- 形式变化不受影响（原件标准）
- 生成、储存或者传递数据电文方法的可靠性
- 保持内容完整性方法的可靠性
- 用以鉴别发件人方法的可靠性

- 内容是否真实，有无剪裁、删除、拼凑、篡改、添加等伪造、变造情形，如有是否附有说明

- 若电子数据系篡改、伪造或者无法确定真伪的，或有增加、删除、修改等情形
- 影响电子数据真实性的，或制作、取得的时间、地点、方式等有疑问，不能提供必要证明或者做出合理解释的，不得作为定案根据

- 电子数据生成、收集、存储、传输所依赖的计算机系统等硬件、软件环境是否安全、可靠
- 电子数据的生成主体和时间是否明确，表现内容是否清晰、客观、准确
- 电子数据的存储、保管介质是否明确，保管方式和手段是否妥当

来源：
- 电子签名法
- 关于办理死刑案件审查判断证据若干问题的规定
- 关于适用《中华人民共和国刑事诉讼法》的解释
- 关于刑事电子数据若干问题的规定
- 刑诉司解
- 关于刑事电子数据若干问题的规定
- 关于互联网法院审理案件若干问题的规定（民事）

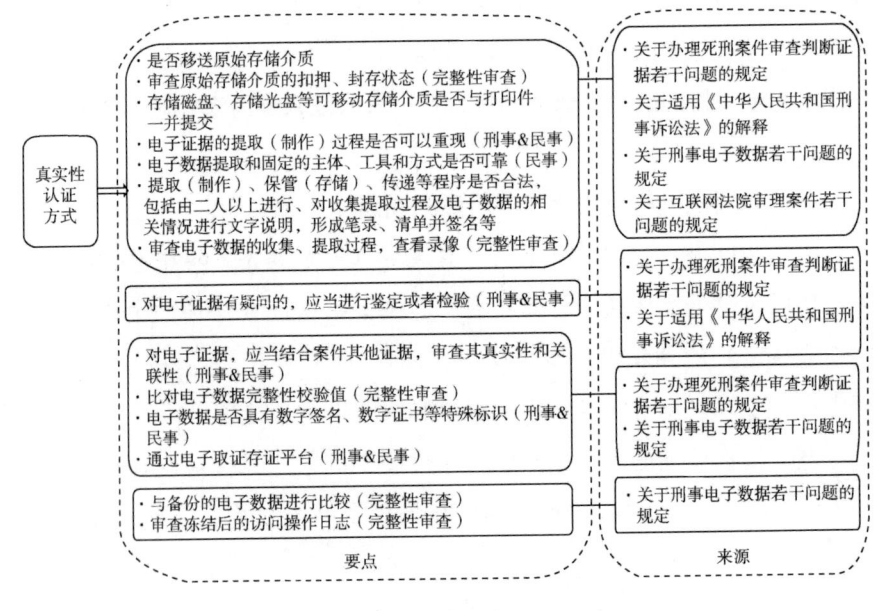

图 5-2 电子证据的真实性认定方式

真实性认证方式

要点：
- 是否移送原始存储介质
- 审查原始存储介质的扣押、封存状态（完整性审查）
- 存储磁盘、存储光盘等可移动存储介质是否与打印件一并提交
- 电子证据的提取（制作）过程是否可以重现（刑事&民事）
- 电子数据提取和固定的主体、工具和方式是否可靠（民事）
- 提取（制作）、保管（存储）、传递等程序是否合法，包括由二人以上进行、对收集提取过程及电子数据的相关情况进行文字说明，形成笔录、清单并签名等
- 审查电子数据的收集、提取过程，查看录像（完整性审查）

- 对电子证据有疑问的，应当进行鉴定或者检验（刑事&民事）

- 对电子证据，应当结合案件其他证据，审查其真实性和关联性（刑事&民事）
- 比对电子数据完整性校验值（完整性审查）
- 电子数据是否具有数字签名、数字证书等特殊标识（刑事&民事）
- 通过电子取证存证平台（刑事&民事）

- 与备份的电子数据进行比较（完整性审查）
- 审查冻结后的访问操作日志（完整性审查）

来源：
- 关于办理死刑案件审查判断证据若干问题的规定
- 关于适用《中华人民共和国刑事诉讼法》的解释
- 关于刑事电子数据若干问题的规定
- 关于互联网法院审理案件若干问题的规定
- 关于办理死刑案件审查判断证据若干问题的规定
- 关于适用《中华人民共和国刑事诉讼法》的解释
- 关于办理死刑案件审查判断证据若干问题的规定
- 关于刑事电子数据若干问题的规定
- 关于刑事电子数据若干问题的规定

"缺有困难的，可以提交复制品、照片、副本、节录本"。然而这里的原

件规则针对的是纸质的书面证据和物证，与电子证据的关系难以明确①，其中复制品、照片、副本和节录本的定义如何适用于电子证据更是无从判断。与电子证据直接相关的原件条款可以在 2005 年《电子签名法》关于"数据电文"的相关规定以及 2018 年《关于互联网法院审理案件若干问题的规定》中寻得一二。

《电子签名法》第 5 条定义了数据电文满足"原件"形式的两个要求：（1）能够有效地表现所载内容并可供随时调取查用；（2）能够可靠地保证自最终形成时起，内容保持完整、未被更改。但是，在数据电文上增加背书以及数据交换、储存和显示过程中发生的形式变化不影响数据电文的完整性。这一原件定义是我国在"法律"效力级别的立法中唯一适用于电子证据的条款。该法中的"原件"概念实际上采用"功能等同法"②，将符合传统书证原件功能的数据电文纳入等同过来。第 8 条提出了数据电文的真实性审查认定应考虑的三个方法的可靠性，即"生成、存储或传递数据电文的方法""内容完整性保持方法"和"发件人鉴别方法"。其中，前两个主要考量的仍是电子证据的完整性问题，后一个是身份确认问题，都是从形式上而非内容信息上对电子证据的真实性进行判断。《电子签名法》作为我国最早专门针对电子证据的立法，具有积极的意义。但是一方面，该法是针对电子签名的"数据电文"而言的，其法律效力是否可以适用于我国广泛意义上的电子数据有待商榷；另一方面该法较多地借鉴了《电子商务示范法》，在原件定义和真实性的审查上都更侧重于内容的完整性③，却又对何为"内容完整"未做解释，更未提供任何具体的可操作的判断方法。

《关于互联网法院审理案件若干问题的规定》中的第 10 条规定经电子化处理后的"书证、鉴定意见、勘验笔录等证据材料"经互联网法院审核通过后，视为符合原件形式要求。但是该条只适用于以纸质形式生

---

① 原因是我国电子证据定位不清晰，具体原因见上节。
② 刘品新：《论电子证据的原件理论》，《法律科》（西北政法大学学报）2009 年第 5 期。
③ 张彩云：《网络犯罪中电子证据有关问题之探析》，《当代法学》2003 年第 7 期。

成而后被电子化的数字、鉴定意见和勘验笔录,对于原生电子数据的原件问题并未涉及。

四 民事领域中缺乏电子证据与机构电子文件的联系

(一) 法律中的电子证据定位模糊

虽然自 2012 年以来我国三大诉讼法先后在修订中正式认可了电子证据的法律地位,2016 年两高一部发布的《关于刑事电子数据若干问题的规定》以及 2018 年最高人民法院发布的《关于互联网法院审理案件若干问题的规定》都对电子数据的取证和认证进行了相关规定,但是电子证据的定位在我国证据规则体系中仍然存在诸多问题。

首先,在我国三大诉讼法中,电子证据都是作为独立的证据类型存在的,例如在《民事诉讼法》第 63 条中证据包括"电子数据"以及"当事人陈述、书证、物证、视听资料、证人证言、鉴定意见和勘验笔录"。在传统书证时代,这种对证据类型的划分虽有重合之处,但并不会产生太大问题。但在数字时代,书证、证人证言、鉴定意见甚至勘验笔录都有可能是以电子的形式存在的,那么电子数据与其他几类证据的关系就成为了关键,这关乎到原来适用于传统证据类型的证据规则(例如书证的原件理论)是否能够同样适用于电子证据。

在刑事领域,2016 年《关于刑事电子数据若干问题的规定》对电子数据进行了明确定义,将电子数据限定在"案件发生过程中形成的"证据,并规定"以数字化形式记载的证人证言、被害人陈述以及犯罪嫌疑人、被告人供述和辩解等"不属于电子数据。这一定义存在一些明显问题,首先即使该规定是在刑事领域的电子证据规则,但刑事案件中涉及的电子形式的证据也不可能只是在案件发生过程中形成的;其次将以数字化形式记载的证人证言等证据排除在电子数据之外显然有违常理。这些证据虽然是传统的证据类型,但是是以数字化的形式呈现的,其特征也符合电子证据的一般特征,本不应该被排除在电子证据规则之外。虽然规定中补充说明了此类数字形式的传统证据类型的"收集、提取、移送、审查",可以参照适用这一规定,但却直接将电子数据与其他证据类型对立起来。诚然,目前来看,电子证据因其技术性相比传统证据而言在真实性的认定上存在一定的问题,但是电子证据本身应该视作传统记录形式的变化,而非作为一种特殊的证据类型被置于孤立尴尬的地位。在记录形式电子化的今天,显然不利于司法诉讼事务的顺利开展。此外,该规定也没有回答书证与电子数据之间的关系问题。

从民事领域来看,我国《民诉司解》(2014年)第116条将电子数据界定为"通过电子邮件、电子数据交换、网上聊天记录、博客、微博客、手机短信、电子签名、域名等形成或者存储在电子介质中的信息",这一电子数据的定义虽然十分广泛,但对于上述问题难以有所推断。2018年最高人民法院发布的《关于互联网法院审理案件若干问题的规定》未对电子数据给出界定,其中第10条规定"当事人及其他诉讼参与人通过技术手段将身份证明、营业执照副本、授权委托书、法定代表人身份证明等诉讼材料,以及书证、鉴定意见、勘验笔录等证据材料进行电子化处理后提交的,经互联网法院审核通过后,视为符合原件形式要求。对方当事人对上述材料真实性提出异议且有合理理由的,互联网法院应当要求当事人提供原件。"该条规定解释了"书证、鉴定意见、勘验笔录"等纸质材料被电子化后的原件规则适用问题,但是并没有说明电子数据与书证和其他传统证据类型的关系问题,也没有正面回答这些类型的证据是否能够以原生数字形式生成,以及电子数据如何适用传统书证规则(最典型的就是原件规则)的问题。

(二)民事领域的电子证据规则体系尚不完善

从前文对我国法律和司法解释中的电子证据规则的介绍中可以看出,我国法律中有关电子证据真实性的认证条款几乎全部出自刑事诉讼法及其司法解释。相关电子证据认证标准和方法主要集中在三部司法解释中,即2010年的《死刑案件证据若干问题的规定》、2012年的《刑诉司解》,以及2016年的《关于刑事电子数据若干问题的规定》。三部法律中对电子证据真实性的审查认定标准可以分为两类,一类是肯定性标准，锁定的是"内容真实"和"完整性"，这里的"完整性"指的是"无剪裁、删除、拼凑、篡改、添加"等伪造、变造的情况；另一类是否定性判断，即明确规定不能作为定案根据的情况。可以看出，我国对刑事案件中的电子证据的采纳设置了较高的标准，尤其关注电子证据收集的合法性。这一点在认证方式上也有所体现：《关于刑事电子数据若干问题的规定》将电子数据的收集、提取过程以及冻结后的访问操作日志作为完整性审查的主要内容。三部法律都对电子证据的提取（制作）、保管（存储）、传递等程序进行了详细规定，包括取证主体（具有取证资格的技术人员或办案人员）、人数（二人及以上）、操作要求（录像、形成笔录清单并签名）。在取证中，通常使用扣押或封存的强制手段直接获取原始存储介质。专家鉴定是三部法律中都提及的认证手段，2016年的《关于刑事电子数据若干问题的规定》还支持通过比对（与备份的电子数据进行比较）和特殊标识（例如完整性校验值）等技术方法对电子文件的真实性进行审查。

而对比之下，在民事诉讼领域，2012年修订的《民事诉讼法》及2015年颁布的《民诉司解》中，只认可了电子数据作为独立证据类型的法律地位，并没有任何条款对民事诉讼中电子数据的审查判断和认定进行规范。目前唯一能够参考的是2018年9月最高人民法院发布的《关于互联网法院审理案件若干问题的规定》。相比刑事领域而言，该规定在真实性认证标准上提出了更多的要求，包括"（1）电子数据生成、收集、存储、传输所依赖的计算机系统等硬件、软件环境是否安全、可靠；（2）电子数据的生成主体和时间是否明确，表现内容是否清晰、客观、准确；（3）电子数据提取和固定的主体、工具和方式是否可靠"。然而，从认证方式上看，除了将对"原始介质的扣押、封存"审查变成了"电子数据的存储、保管介质是否明确，保管方式和手段是否妥当"之外，没有提供任何具体的审查方法和判断基准。例如，当事人如何证明电子数据在生成、收集、存储和传输中所依赖的计算计系统的硬件和软件都是安全可靠的？如何界定取证主体、工具和方式的可靠性？也就是说，相比刑事领域的电子证据规则，我国民事电子证据的认证在标准上提出了更高的要求，但在认证方式上却未相应地提供多样化的认证方法和途径，依然较多依赖于原有的鉴定、数字标识、取证平台等技术手段。

（三）电子文件完全缺席证据规则体系

实际上，在传统纸质书证时期，档案在我国证据认证体系中有所体现：《关于民事诉讼证据的若干规定》（2001年）第77条指出"物证、档案、鉴定结论、勘验笔录或者经过公证、登记的书证，其证明力一般大于其他书证、视听资料和证人证言"。① 然而，纸质时代传统证据尤其是书证和视听资料与档案之间的这种连接在数字时代却未能完全顺利承接到电子数据与电子文件（档案）的关系之中。这主要是由两方面原因造成的。

（1）电子证据在我国法律中的定位不够清晰。正如前文分析所言，在我国三大诉讼法中，电子数据与传统证据类型之间的关系并不明确。现有法律和司法解释中，只有《关于互联网法院审理案件若干问题的规定》第10条涉及了电子形式的书证问题，指出以纸质材料生成的书证在被电子化处理后，经法院审核可以视为符合原件形式的要求，但却未回答传统书证的相关规则是否适用于电子数据的问题。视听资料与电子数据的关系也尚不清楚。即使在司法实践中可以采取变通的方式对电子数据适用传统证据规则的情况进行处理，但在法律层面由于电子数据定位模糊造成的这种问题仍然存在，从法理上难以服人。

（2）档案与电子文件（档案）在概念界定和管理实践上存在隔阂。根据我国《档案法》（2016年修订），档案指的是"过去和现在的国家机构、社会组织以及个人从事政治、军事、经济、科学、技术、文化、宗教等活动直接形成的对国家和社会有保存价值的各种文字、图表、声

---

① 参见最高人民法院《关于民事诉讼证据的若干规定》（最新修订法释〔2019〕19号），2019年。

像等不同形式的历史记录。"简单而言,档案是指机构或个人在活动中形成的"对国家和社会有保存价值的"各种形式的历史记录。而根据《电子文件管理暂行办法》①《电子文件归档与电子档案管理规范》② 和《电子档案管理基本术语》③,电子文件可以概括为机构或个人在活动中形成的数字格式的信息记录,电子档案是指"具有凭证、查考和保存价值并归档保存的电子文件"。可以看出,电子文件是电子档案的属概念,电子文件的定义十分宽泛,几乎包含机构或个人产生的所有的数字信息记录,而电子档案的范围则相对缩小,指的具有"凭证、查考和保存价值"并"归档保存"的那部分电子文件。然而无论是电子文件还是电子档案,在其定义中都未将"对国家和社会有保存价值"作为条件,换句话说,按照上位法《档案法》定义的电子形式的"档案"在内涵上要远小于下位法《电子文件管理暂行办法》和标准《电子档案管理基本术语》中的电子文件和电子档案。

  从管理实践上看,我国机构对于文件材料的管理是从归档开始的。传统纸质时期机构对文件材料的归档范围主要参照国家档案局发布的《机关文件材料归档范围和文书档案保管期限规定》和《企业文件材料归档范围和档案保管期限规定》。2009年发布的《电子文件管理暂行办法》规定"电子文件形成单位应当根据国家有关规定明确电子文件归档范围和保管期限",归档保存的文件"由本单位档案部门负责管理"④。但长期以来我国除了以上两个规定外,在归档范围上没有其他可参考的文件,虽有《电子文件归档与电子档案管理规范(GB/T

---

① 中共中央办公厅、国务院办公厅:《电子文件管理暂行办法》(中办国办厅字〔2009〕39号),2009年。
② 国家质量监督检验检疫总局、国家标准化管理委员会:《电子文件归档与电子档案管理规范:GB/T 18894-2016》,中国标准出版社2016年版,第2页。
③ 国家质量监督检验检疫总局、国家标准化管理委员会:《电子档案管理基本术语:DA/T 58-2014》,中国标准出版社2014年版,第4页。
④ 国家质量监督检验检疫总局、国家标准化管理委员会:《电子档案管理基本术语:DA/T 58-2014》,中国标准出版社2014年版,第4页。

18894－2016）》（最早发布于2002年，2016年修订）可供参考，但该规范并不具有法律效力，因此电子文件的归档和管理范围一直未能得到明确。

因此，无论是从纸质书证（视听资料）与电子数据的关系来看，还是从纸质档案与电子文件（档案）的内涵上来看，传统时代书证和视听资料与档案之间的这种连接在数字时代都未能完全顺利承接到电子数据与电子文件（档案）的关系之中来。在我国电子证据规则中完全不存在与机构电子文件的任何联系点。

五 法律界对电子文件管理缺乏关注

长期以来，我国法学界对电子文件及其管理鲜有关注，现有司法裁判文书或公开案例中，几乎找不到与机构电子文件管理相关的判决或考量。从法律学术文献来看，尚有一些讨论。

王超杰和贾伟2000年在《福建警察学院学报》上发表的《电子文件的法律证据价值》是目前可查到的司法界最早将电子证据与"电子文件"关联起来的文献。作者将"能被计算机系统识别、处理、存储在磁带、磁盘或光盘等介质上，并可在网络上传送的代码序列"称为电子文件。尽管这一定义并不符合电子文件领域的理念，但作者提出"如何从管理上做到最佳程度地保证电子文件的完整性和真实性是文件（档案）工作者的主要责任"，并向文件（档案）工作者提出了五条建议，包括解决思想观念问题、积极参与相关立法、关注技术发展、加强电子文件管理的制度和标准建设[①]。这篇文章发表于电子证据发展早期，尚处于争取赋予"电子文件"法律地位的阶段，因而未有进一步深入的讨论。更遗憾的是，除了这篇早期文献外，电子证据与电子文件管理间的关系并没有引起法学界的过多关注。汪腾锋在《反倾销案件中电子文件证据问题的研究》一文中使用了"电子文件"一词，但作者将其界定为

[①] 王超杰、贾伟：《电子文件的法律证据价值》，《福建警察学院学报》2000年第4期。

"一种无纸化的附着于信息系统的电子数据"①，未涉及任何电子文件管理领域的实质概念和理论。杨桐杰的《电子文件证据研究》使用了"电子文件证据"的说法，但未对"电子文件证据"的概念进行讨论②。还有少数学者如王世明③、张丽丽④、丁一⑤等从信息学科的角度探索过电子证据问题，然而他们强调的是电子证据的信息属性，以及信息控制/获取权的平衡问题，都未涉及电子文件及其管理的核心概念或理论。

直到近几年，随着我国信息化在社会各领域的快速推进，电子文件再次引起了法学界的关注。刘品新在《电子证据的关联性》一文中指出我国刑事和民事电子取证制度中对电子证据的关联性缺乏重视，对关联性的规定甚少或未做任何规定。他提到通过电子文件管理在内的日常管理制度来构建和完善电子取证制度。然而，在这篇以"关联性"为核心话题的文章中，该问题未能得到进一步阐述。宗元春对电子文件管理目标中的三性（真实性、完整性、可用性）与证据的三性（真实性、合法性、关联性）之间的关系进行了对比研究，认为我国法律体系中电子证据的相关规则并不能有效地和电子文件管理规则进行对接，但作者对于两者如何契合、电子文件归档方式和管理标准如何完善并没有提出切实可行的方案。

综合来看，法学领域涉及电子文件概念的文献屈指可数，而这些仅有的文献或将电子文件界定为"由计算机处理的代码序列"，或泛化为"附着于信息系统的电子数据"，与文件档案领域的"电子文件"相差甚远。目前仅有的两篇文献从法学角度探讨了对电子文件作为证据时应遵循的规则，但未能深入电子文件管理的核心理念，更未触及电子文件

---

① 汪腾锋：《反倾销案件中电子文件证据问题的研究》，中华全国律师协会国际专业委员会2001年年会论文集，江苏，2001年，第215—217页。
② 杨桐杰：《电子文件证据研究》，北京市工商行政管理优秀论文选编，2002年，第81页。
③ 王世明：《从信息视角论电子证据的运用》，《情报杂志》2003年第11期。
④ 张丽丽：《信息领域中保全证据公证法律问题之探讨》，硕士学位论文，复旦大学，2008年。
⑤ 丁一：《电子证据的信息属性研究》，硕士学位论文，湖南师范大学，2011年。

的分类、保管期限和处置等核心功能。

六 文件档案界向法学界的拓展中存在障碍

在我国,文件档案界长期以来十分关注电子文件的法律问题,在1998年①,国内学术界已经对电子文件是否可以作为证据展开讨论。然而,除却文件档案界的积极努力,在与法律界的沟通中却存在诸多问题。在向电子证据领域的拓展中依然存在障碍。

(一)文件档案界通过真实性(凭证性)难以与法学界对接

目前,文件档案界极少有学者直接探寻电子文件(管理)与电子证据(使用)的关系。除却刘越男和李静雅《电子数据、电子文件相关概念的比较与对接》一文外,绝大多数的学者都是从电子文件出发,探讨电子文件的"证据效力"和"凭证性"问题。

在证据效力上,一部分学者的研究模式是将证据效力解释为"证据资格和证明力",然后通过对照现有法律中有关电子证据的条款,从真实性出发分析影响电子文件的证据资格和证据力认定的因素,包括原件理论、备份问题②、原始性、真实性、完整性、可靠性、可读性③、安全性和合法性④等,提出从法律制度、组织机构⑤、管理措施⑥等方面确保电子文件的证据效力得以实现;另一部分研究者从问题出发,指出我国电子文件法律效力难以发挥的问题⑦,认为其原因在于电子文件证据归类不当、原件优先问题未解决⑧、技术难以保障(如易更改、易损坏、

---

① 黄志文:《电子文件的法律证据价值》,《档案》1998年第6期。
② 尹昌平:《谈谈电子文件、数字档案备份的证据作用》,《浙江档案》2010年第S1期。
③ 王少辉:《电子文件法律证据问题新探——从〈最高人民法院关于民事诉讼证据的若干规定〉看电子文件证据》,《档案学研究》2003年第1期。
④ 张秀丽:《基于电子证据认证视角下的电子文件管理》,《中国档案》2010年第8期。
⑤ 徐振杰:《电子文件证据的法律价值研究》,硕士学位论文,苏州大学,2003年。
⑥ 陈勇、张文茜:《论电子文件证据的法律效力》,《浙江档案》2012年第10期。
⑦ 韩伟:《基于证据法的电子文件法律效力研究》,硕士学位论文,中国人民大学,2014年。
⑧ 王绍侠:《电子文件产生证据效力的困难及其对管理的启示》,《档案学研究》2003年第3期。

系统依赖性强、安全性低等)①、证据认证规则不完善②、电子文件管理制度规范不健全③等。

近几年来,"凭证性"一词被越来越多地使用,部分学者在研究中将电子文件的凭证性等同于证据效力④,还有学者将"凭证性"囊括为"证据性、完整性、真实性、有效性、合法性、可靠性、可用性"等多种性质组成的丰富内涵⑤。

黄世喆、李春阳将电子文件信息流程划分为电子档案信息层、现行电子文件信息层和电子信息层三个层级,并认为电子档案信息层的信息具有较强的凭证价值,现行电子文件信息层的信息具有凭证价值但受到外界影响,电子信息层的信息不具有凭证价值⑥。肖秋会等人认为为保证电子文件的法律凭证性,应采取设立单独电子证据法、推广使用可信任管理系统等举措。近两三年来,一些学者还将研究重点转向了电子文件的凭证性保障的原理、模型⑦、方法⑧、技术⑨和机制⑩。

综合来看,无论是论证电子文件的"证据效力",还是"扩充"电子文件的"凭证性",文件档案界都试图在电子证据的认证标准上寻找电子文件及其管理可能存在的法律意义,这些文章的最终落脚点都无一

---

① 王少辉:《论电子文件法律证据效力的影响因素和保障对策》,《图书情报知识》2003年第4期。
② 肖秋会、段斌斌:《我国电子文件证据地位及效力立法研究》,《图书情报知识》2018年第1期。
③ 韩伟:《基于证据法的电子文件法律效力研究》,硕士学位论文,中国人民大学,2014年。
④ 刘家真:《电子文件与法律——电子文件的凭证性探讨之一》,《档案与建设》2000年第1期;徐振杰、陈炳亮:《中外关于电子文件凭证的法律依据》,《档案与建设》2002年第8期。
⑤ 薛四新、张桂刚、李超:《电子文件凭证性保障方法研究》,《档案学研究》2013年第4期;崔屏:《电子文件凭证性溯源及内涵研究》,《档案与建设》2013年第9期。
⑥ 黄世喆、李春阳:《论电子文件信息流程及其凭证价值》,《档案学研究》2011年第4期;李春阳:《电子文件凭证价值保障问题研究》,硕士学位论文,广西民族大学,2011年。
⑦ 陶水龙:《电子档案身份证凭证性保障与安全模型研究》,《档案学研究》2015年第3期。
⑧ 薛四新、张桂刚、李超:《电子文件凭证性保障方法研究》,《档案学研究》2013年第4期。
⑨ 陶水龙:《电子档案身份证凭证性保障与安全模型研究》,《档案学研究》2015年第3期。
⑩ 王悦:《电子文件凭证性保障机制研究》,硕士学位论文,中国人民大学,2017年。

例外地指向电子文件的"真实性"问题。

(二) 文件档案界的术语体系缺乏统一性

在跨领域的交流中本身就存在概念在学科上的差异,而长期以来我国文件档案界在一些重要核心概念的界定和理解上缺乏统一性,国家标准和行业标准在术语方面一致性较差,这极大地增加了文件档案界的对外交流难度,限制了文件档案界向外拓展的步伐。

这种统一性的欠缺首先体现在学科核心研究对象的界定上,例如前文提到法律层面与法规和标准在电子文件和档案定义的关键要素上的不对等;其次体现在核心理论性概念的模棱两可上,例如后文电子文件与电子证据对接部分提到的真实性、完整性、齐全性等概念;最后体现在因概念的极度抽象化造成的各种理解差异上,例如前文提到的凭证性,本意是指电子文件是从业务活动中产生的,是对历史活动的记录因而具有证明价值,等同于英文中的"evidential value",但却被赋予了"完整性、真实性、合法性、可靠性、可用性"等多种内涵;再例如文件档案界在讨论证据问题时使用的"证据性""有效性"等说法,很难从中推测出其真实含义。

(三) 双套制下的电子文件管理实践落后

我国电子文件管理的理论研究自20世纪90年代起步,一直紧跟国际前沿。然而实践中我国档案部门长期以来却一直推行着双套制,即纸质文件和电子文件同时归档的制度。双套制的规定在我国《电子文件归档与管理规范》(GB/T 18894 – 2002,2002年)、《电子公文归档管理暂行办法》(2003年)、《国有企业文件材料归档办法》(2004年)、《电子文件管理暂行办法》(2009年)等电子文件管理相关政策规范和标准中都有所体现。多年来"双套制"在我国被广泛践行,基本已经全部覆盖了全国档案事业。[①]

[①] 沈欣瑜:《电子档案"单套制"背后的电子文件管理思想转变》,《档案管理》2017年第6期。

双套制虽非我国特定的产物，但其存在的时间之长和形式之正式却和其他国家有着较大的差别。电子文件产生之初，我国信息化水平不高、信息技术支撑力度不够，对电子文件的双套制管理在一定程度上可以规避文件长期保存不可利用的风险。① 然而，现今我国在信息基础设施和技术的发展上都已取得了巨大的进步，长期践行的双套制反而成为了一种负担。机关单位和组织机构正逐渐实现"无纸化办公"，在电子文件归档时还需另外打印一份纸质文件进行保存，成为浪费办公物料和存储空间的多余操作。② 企业尽管形成了大量的电子文件，但由于必须将电子文件打印成纸质文件用以存档，需要花费大量人力物力还要占用库房空间，导致企业任由电子文件存储在生成系统中，不予归档管理。③

双套制造成的问题不只是资源的浪费和归档行为的懈怠，更重要的是这种长期以来纸质档案的心理和管理惯例严重阻碍了电子文件管理实践的发展。电子文件生成分散，存储和维护都高度依赖数字设备和相关软件技术。若不进行妥善管理，还极容易造成内容或元数据更改，甚至出现电子文件难以读取的情况。这些不同于纸质文件的特质，使得电子文件在归档时间、范围、方法、程序和长期维护上都必须有着不同于传统纸质文件的标准和规范。然而，对双套制的依赖导致电子文件数字化独立管理的思想一直难以贯彻，电子文件管理在管理理念、方法和手段上一直难有进步。在归档范围和期限设置上，大多数机构仍对照纸质文件的规范执行，其流程缺乏科学的规则和方法，难以保障电子文件的完整性。归档范围以电子公文为主，电子邮件、字处理文件、多媒体文件、网站文件等最能够反映机构业务职能的电子文件长期分散在办公电

---

① 王洋：《电子文件归档"套制"研究》，《浙江档案》2017年第10期。
② 沈欣瑜：《电子档案"单套制"背后的电子文件管理思想转变》，《档案管理》2017年第6期。
③ 蔡盈芳、范冠艳：《业务类电子文件规范化管理研究——以企业电子会计文件归档和电子会计档案为例》，《档案学研究》2017年第S1期。

脑、个人移动办公设备或者网络账户中。数据库和各类业务系统中的数据由信息部门单独负责，长期游离在电子文件管理的框架之外。不仅如此，由于缺乏对文件生成阶段的有效控制，大量电子文件在捕获时缺少必要的结构和背景元数据，电子文件难以准确、完整、客观地反映业务活动，其真实性在生成之时就难以证明。大部分机构没有采用真正意义上的专业电子文件管理系统，电子文件在保存过程中的完整性维护堪忧。由此来看，就我国大部分机构而言（当然不排除少数具有优秀管理实践的国企或政府机关单位），电子文件管理就是对机构电子公文或类似正式文件的归档管理。

这就造成了电子取证（E-discovery）中真正需要的那些与业务活动紧密联系的系统信息记录、电子邮件、网站文件等潜在的证据对象却完全不在真正的管理范围之内。不仅如此，这种完全缺乏生成控制能力和完整性保障功能的电子文件管理实践也当然难以自证其真实性。由此看来，长期以来我国电子文件管理难以与证据收集和认证制度衔接，电子文件的证据力在法庭上难以得到更高的认可度也在情理之中。在这种境况下，文件档案界试图通过电子证据与法律界建立联系可谓难上加难。

第四节　电子文件管理与电子证据认证的关系

一　电子证据认证面临的主要挑战

我国在电子证据认证上面临的挑战主要集中在真实性和关联性两个方面。从真实性上看，这种挑战是由电子数据本身的技术依赖性、复合性和多样性所带来的，因此在我国所能发现的问题与美、加部分并无太大区别，在此不做赘述。

电子证据的关联性问题是我国法学界最近两年开始提出的。传统观点认为电子证据与传统证据相比，在相关性上并没有过多的特殊性①，其实不然。由于电子记录不像纸质文件那样可以确认笔迹，而且在共享协作的工作模式下一项事务可能由多人共同完成，如何确认电子记录的生成者或所有者变得更加困难。电子证据被采纳必须与案件事实产生联系，一方面记录所传达出的信息要与案件事实有实质性联系，另一方面虚拟空间的身份、行为、介质、时间与地址要同物理空间的当事人或其他诉讼参与人关联起来。② 从这两方面来看，前者属于传统的关联性问题，后者大致等同于美、加部分提出的电子证据的身份确认问题。

二　电子文件与电子证据真实性的对接

真实性作为证据认证的标准之一，在我国三大诉讼法及其司法解释中多次被提及，体现为"真实性""真实""真（伪）""核实""属实"等多种说法。综合分析来看，这些证据法律条款里的"真实"有两种含义：（1）与"伪"相反；（2）与实际发生或存在的现象相符。③ 真实性有时也以"可靠性"代称，例如《电子签名法》第 8 条。在法学文献中，"真实"与"可靠"经常同时出现，如"真实性就是要查明证据材料所反映的或者所证明的是否为案件中的真实情况，即该证据是否可靠"④、在案件事实的联系、相关程度不变的情况下，"电子证据证明力的大小取决于其可靠性的保障"⑤。

电子文件的真实性在我国可划分为"特定要素一致派"和"文件大多要素无改变派"两种界定方式。前者从"制文目的""人员""时间"三个要素与"既定"情况是否相符来判断文件是否真实，其代表是《信

---

① 徐燕平、吴菊萍、李小文：《电子证据在刑事诉讼中的法律地位》，《法学》2007 年第 12 期。
② 刘品新：《电子证据的关联性》，《中国检察官》2017 年第 9 期。
③ 谢丽、范冠艳：《电子文件与电子证据领域中的真实性概念分析》，《浙江档案》2019 年第 1 期。
④ 张彩云：《网络犯罪中电子证据有关问题之探析》，《当代法学》2003 年第 7 期。
⑤ 许康定：《电子证据基本问题分析》，《法学评论》2002 年第 3 期。

息与文献文件管理 第1部分：通则》；后者认为电子的物理结构可能发生变化，但其"内容、逻辑结构和背景"应该与形成时的原始状况相一致，其代表是《电子文件归档与管理规范》和《电子档案管理基本术语》。除却表述上的差异，这两种定义都落在"既定"情况或"原始"状况上。也就是说，真实性是指文件与其生成时的状况保持一致，但并不能说明生成之时"文件的内容是否准确地记载了业务活动"[①]。由此可见，在文件档案界，真实性是由原始性演进而来的，与法律界的真实性含义并不相同。

根据我国法学界的观点，证据的审查可以分为"形式上"的审查和"实质性"的审查。[②] 从证据法学上来讲，证据是"载体"和"事实"的统一体[③]，这里的载体既包括证据的表现形式，也包括记载或表达证据事实的方式。对电子证据而言，其载体在表现形式和表达方式上是可以分离的，这一点与传统的物证或者纸质书证有很大不同。也就是说，电子证据具有双重载体：外在载体是其表现形式，即存储电子数据的物理介质；内在载体是其传达事实的表达方式，即能为人所感知的文字符号、声音、图像等。[④] 内在载体并不等于证据所传达的事实。从理论上讲，这些文字符号、声音和图像是客观存在的，是人们感知或解读事实的表达形式。人们通过它们对证据所表达的事实进行识别和揭示，进而使其对待证事实产生证明作用。也就是说，对证据的真实性审查包括两部分，即载体上的形式审查和事实上的实质性审查。而载体形式的审查往往是证据资格审查的第一步，这是因为载体形式的变化（尤其是内在载体形式）极有可能会影响证据对事实的表达。当载体的审查符合要求后，还需要考虑实质性审查，也就是说证据所表达的事实是否就是所发

---

① 刘越男、李静雅：《电子数据、电子文件相关概念的比较与对接》，《档案学研究》2017年第S1期。
② 刘品新：《电子证据的鉴真问题：基于快播案的反思》，《中外法学》2017年第1期。
③ 陈瑞华：《刑事证据法学》，北京大学出版社2014年版，第66页。
④ 刘译矾：《论电子数据的双重鉴真》，《当代法学》2018年第3期。

生的事实，是否就是待证事实。这样看来，我国文件档案界的真实性至少在两点上区别于证据中的真实性：（1）文件档案界的真实性指的仅是形式上的真实，而非事实上的真实；（2）文件档案界的真实性指的是管理框架下的电子文件能够保证被捕获时的原始性，以及从被捕获到作为证据收集期间的完整性。

法律中电子证据的真实性认证条款中通常包括与"完整性"有关的内容。尽管我国与电子证据相关的法律法规条款中未直接提供完整性的定义，但其含义可以从《公安部关于刑事电子数据若干问题的规定》对"完整性校验值"的阐释中窥得一二。根据该规定，"完整性校验值"是指"为防止电子数据被篡改或者破坏，使用散列算法等特定算法对电子数据进行计算，得出的用于校验数据完整性的数据值。"同时，第23条提供了五条验证电子数据完整性的方法。这五种方法关注的是电子数据的取证过程和日志记录，强调与原有备份的比较。我国其他几部有关电子证据认定的法律法规中有关"完整性"的说法也都不约而同地出现在"内容是否更改""取证过程是否受监督"等类似上下文语境中，例如《电子签名法》第5条"……能够可靠地保证自最终形成时起，内容保持完整、未被更改。"《刑诉司解》第93条"提取、复制电子数据是否由二人以上进行，是否足以保证电子数据的完整性"。由此可以看出我国电子证据相关法律中的完整性指的是电子数据未被"篡改或者破坏"的品质，强调"完整性校验值"的技术检验手段和取证过程的合规性。

我国文件档案界的完整性包含两类含义，一类是指文件齐全且没有破坏、丢失或变异的性质，代表是《信息与文献 文件管理 第1部分：通责》和《电子档案管理基本术语》；一类是指文件业务活动中形成的所有电子文件相互关联、每一份文件的内容、结构和背景信息没有残缺，代表是《电子文件管理暂行办法》和《电子文件归档与管理规范》。[①] 对应来看，

---

① 刘越男、李静雅：《电子数据、电子文件相关概念的比较与对接》，《档案学研究》2017年第S1期。

我国文件档案界的"完整性"实际上同时承载了"integrity"和"completeness"两词的含义，涵盖了两个阶段的文件性质：生成阶段的要素齐全性和维护保存阶段的未更改性。前文分析中指出我国电子证据相关法律中的完整性指的是电子数据未被"篡改或者破坏"的品质，这一点对应的应该是文件档案界中的"integrity"一词，侧重的是电子数据维护保存阶段的未更改性。但是从传统档案学而言，电子文件在维护保存对的完整性还包含了对档案联的维护，即在同一活动中形成的文件是作为一个整体进行保存的，它们之间的关系不受到更改。由此看来，我国的"完整性"概念的内涵要丰富于法学界的"完整性"，在"不受篡改"之外，还有齐全之意，但这样一来，也无法区分两个含义在文件生成和维护阶段的不同作用。

第六章 现象解释与关系呈现

第一节 类属对比

根据第4、5章呈现的编码,共得到以下类属和特征(√表示该类属或特征在研究数据中有所呈现,×表示在研究数据中不存在该类属或特征):

表6-1　　　　　　　　　　核心类属与特征

类属			特征	美国	加拿大	中国
电子证据与电子取证情况						
1			电子证据的内涵	√	√	√
	(a)		法律条款中的电子证据	√	√	√
	(b)		法学界的电子证据概念	√	√	√
2			电子取证的构成	√	√	√
	(a)		刑事取证	√	√	√
	(b)		民事取证	√	√	√
		(i)	证据保护	√	√	√
		(ii)	证据筛查	√	√	×
	(c)		民事取证与刑事取证科学的交叉融合	√	√	×
电子文件管理与电子取证链接的表现						
3			电子文件管理与电子取证在流程上的高度重合	√	√	×

续表

类属			特征		美国	加拿大	中国
4			电子文件管理核心功能对电子取证的助力作用		√	√	×
	(a)		文件保管期限和处置关乎电子证据灭失与保护问题		√	√	×
	(b)		电子文件管理的数量和质量控制对证据筛查的支持作用		√	√	×
	(c)		电子文件管理为潜在电子取证的预先管理奠定基础		√	√	×
直接全面性链接存在与否的影响因素							
5			电子文件与电子证据内涵上的重合		√	√	√
6			电子取证中涉及的证据数量巨大		√	√	×
7			民事领域中电子证据与机构电子文件的联系		√	√	×
	(a)		民事诉讼中的电子证据规则相对完善		×	×	×
	(b)		证据条款中存在与机构电子文件的关联点		√	√	×
		(i)	证据认证（纸质时代→电子时代）		√	×	×
		(ii)	证据收集（电子时代）		√	√	×
	(c)		法律中的电子证据定位清晰		√	√	×
8			法律界对机构电子文件管理的认可		√	√	×
	(a)		电子文件管理被视为机构的必要责任		√	√	×
	(b)		对电子文件保管期限与处置功能格外关注		√	√	×
	(c)		倡导信息管理/治理框架下的电子文件管理		√	√	×
9			文件管理界向法学界寻求沟通和拓展		√	√	√
	(a)		关注环节		√	√	√
		(i)	电子取证		√	√	×
		(ii)	真实性		×	×	√
	(b)		不存在明显对接障碍		√	√	×
		(i)	术语统一		√	√	×
		(ii)	"单轨制"管理		√	√	×
电子证据认证与电子文件在真实性上的对接							
10			电子证据认证规则中存在与机构电子文件的关联点		√	√	×
	(a)		纸质时代		√	√	√
	(b)		电子文件		√	√	×
11			电子证据认证面临的主要挑战		√	√	√
	(a)		鉴真	真实性	√	√	√
	(b)		身份确认	相关性	√	√	√

续表

类属		特征	美国	加拿大	中国
12		电子文件真实性与证据真实性的对接	√	√	√
	(a)	真实性保管	√	√	√
	(b)	可信文件	×	√	×

需特别指出的是，表6-1对"电子证据认证规则中是否存在与机构电子文件的联系点"[代码7（a）和10]进行了重复性编码，这是因为电子证据的取证与认证是密不可分的，一方面电子证据的认证是电子证据使用的一个重要环节（与取证并列，体现为代码10），但电子证据的认证规则直接影响到取证的过程和规范，是影响电子文件管理与电子取证间链接存在与否的重要因素之一［从属于这种链接，体现为代码7（a）]。

表6-1显示了美国、加拿大和中国在各个类属、特征和维度上的表现形式。对照美国和加拿大可以发现二者在一级类属层面的表现完全一致，在二级特征层面也大致相同，唯一的区别在于加拿大在2017年颁布的标准《电子文件作为书证》中引入了可信电子文件（Trustworthiness）的概念，因而在类属12电子文件与电子证据真实性的对接上表现更为突出。

对比美国和加拿大，我国在第一类电子证据内涵和电子取证内涵（1、2）上并无特殊之处，在第四类电子证据认证的挑战（11）以及真实性概念的对接上基本一致（12）。我国与美、加的区别体现在电子文件管理与电子取证和认证的关系上。这种差异具体体现在第二类代码（3、4）和第四类代码（11）中。具体而言，在证据认证环节，我国传统纸质时期书证/视听资料与档案之间的连接关系未能在数字时代被电子数据与电子文件（档案）所继承。在电子取证环节，我国电子文件管理完全缺席，造成这一空白的原因存在于第三类代码"影响电子文件管理与电子取证链接产生的因素"（5—9）中。通过逐项对比可以发现，我国在5和9（a）的表现上与美、加并无区别，也就是说，我国电子文件与电子证据在内涵上有很大的重合，而文件档案界也一直在积极寻求与法律界的沟通，并试图向电子证据领域拓展。由此看来，类属6、7、8和9（b）是我国电子文件管理与电子取证缺乏直接、全面链接的主要原因，即我国电子取证中证据数量上的增长尚未成为普遍问题（6）、民事领域中电子证据与机构电子文件缺少联系（7）、法律界对电子文件及其管理缺乏认可（8）、文件档案界与法律界的对接存在障碍［9（b）］。其中，民事领域中电子证据与机构电子文件缺少联系是串联起其他几个类属的关键因素，具体表现为法律中的电子证据定位模糊［8（a）］、民事诉讼中的电子证据规则体系尚未建立［8（b）］、电子证据相关法律条款在认证和收集规则上都缺少与机构电子文件的关联点［8（c）］。

围绕上述对比分析，可以从电子文件与电子证据、电子文件管理与电子证据的认证、电子文件管理与电子取证三个层面构建起电子文件管理与电子取证的关系体系，并结合我国的诉讼制度与证据规则解释我国电子文件管理与电子取证间缺乏直接、普遍链接的原因。

第二节　关系呈现

一　电子文件与电子证据的关系

美国和加拿大的电子文件的概念和特征都承袭于"文件"，体现的是文件的一种形式或介质载体方式，可以归纳为机构或个人在活动中制作或接受的、并因业务运作或法律遵从的需要而加以保存或维护的电子形式的信息。我国的电子文件在逻辑上虽同样源自于广义的"文件"或者"文件材料"，但由于早期广义"文件"概念的缺席而成为一个独立存在的词汇，指的是广泛意义上的机构或个人活动中形成的数字格式的信息记录。其中"具有凭证、查考和保存价值"的电子文件会被进行归档保存，称作"电子档案"。电子证据在美国法律环境中被称为ESI，在加拿大证据法中体现为Electronic Document，二者都隶属于广义的书证范畴，包括所有"以电子形式存储的信息或数据"，内涵十分广泛。电子证据在我国法学界被诠释为"能够用来证明案件事实的、以电子形式存在的信息或数据"，在立法上以"电子数据"的形式与传统证据成为并列存在的证据类型。尽管各国对电子文件和电子证据的界定方式不同，但是二者都是相对于传统文件/证据形式而言的，强调的都是其电子特性，并且随着信息技术的发展呈现出与数字技术越来越密切的联系。不仅如此，对比电子文件和电子证据的概念，无论在美国、加拿大还是我国，二者在内涵上都有着极大的重合。

广义证据材料包括任何与案件事实存在联系的材料，从这个意义上来讲一切事物都可以成为证据。这其中的本质在于"联系"，即举证事实与待证事实间的关系。电子文件能作为证据的根本原因是其与业务活动的关系——文件的使用和理解必须以文件与活动的关系为背景，文件是在活动中产生的记录，是活动的凭证。当法律上的待证事实与文件所参与的活动或动作发生重合时，文件与业务活动间的联系就有可能转化为证据材料与待证事实间的联系，文件就有可能成为证据。因此从法理上来说，电子文件能否作为证据与其"电子"的存在形式没有任何关系，各国法律中对电子证据地位的正式认可不是电子文件作为证据的实质性原因，但不可否认的是，相关诉讼法对电子数据的认可促进了司法诉讼中的电子证据应用实践。狭义的证据指的是通过各类规则审查，最终被法庭接受并作为认定案件事实依据的证据。电子文件能否被法庭采纳作为认定案件事实的根据取决于电子文件能否通过诉讼过程中对证据资格的审查，并结合该案件具体适用的证据规则认定其证明力，或者作为整个证明体系的一部分发挥证明价值。

机构管理框架下的电子文件与证据间的关系应该从三个层次来分析。首先，并非所有的业务信息都是文件。准确地来说，根据电子文件的运动规律，对电子文件的管理应该是从文件的识别开始的。业务系统中通常储存着大量频繁更新的数据，而机构通常只对那些具有凭证或参考价值的信息记录进行保存。也就是说，信息记录是否作为文件进行留存取决于该信息能否为机构履行的职能或开展的活动提供证明、能否为针对业务流程做出的决策或为将来的决策提供支持。从广泛意义上而言，电子取证（E-discovery）中涉及的绝大部分证据都应该是电子文件，这是因为机构电子文件存在的意义就在于为机构的合法运作提供证明，法律遵从是机构管理电子文件的主要动力之一。其次，电子取证（E-discovery）中涉及的所有证据并非都是文件。在真正的司法诉讼实践中，所有与案件事实相关的信息都有可能成为证据，它可能是业务系统内的、尚处于修改变化中的活跃数据，也可能是文件的某个历史版本或备份（在原始文件缺失的情况下）。即使作为证据的信息记录符合了文件的定义，也有可能未被划入机构的文件管理范围，例如临时性或过程性文件。最后，从电子文件管理的角度来看，并不是所有的文件都是真实有效的文件。第一，文件在生成之时就必须拥有固化的内容和完整的结构背景元数据，能够呈现与其生成系统和业务环境之间的关系。第二，文件从生成起就必须有管理元数据全程追踪其所有的改动、关联和利用情况。在这样严格的文件管理框架下的电子文件才具有真实性、可靠性、完整性和可用性，才是合格的文件。

毫无疑问，这类电子文件一旦成为与案件相关的证据材料，其真实性和可靠性更容易得到法庭的认可，更容易作为证据被法庭正式采纳，从而为机构的诉讼主张提供有力的支撑。

因此从机构电子文件管理与电子取证的范围来看，机构所做的应该是尽量扩大二者的交集，即确保电子文件管理尽可能地覆盖当前或未来司法诉讼和其他法律事务活动所需的证据，如图 6-1 所示。这就要求文件机构应当结合实际业务活动和法律遵从的需要，准确识别需要留存的信息，确定电子文件管理的范围，包括综合考量正在进行中的诉讼请求和辩护主张、潜在或延期的诉讼纠纷，以及可能的行政调查或监管。此外机构还应该全面掌握可能覆盖自身业务活动类型的国家法律、行政法规、部门规章以及行业或团体规定。

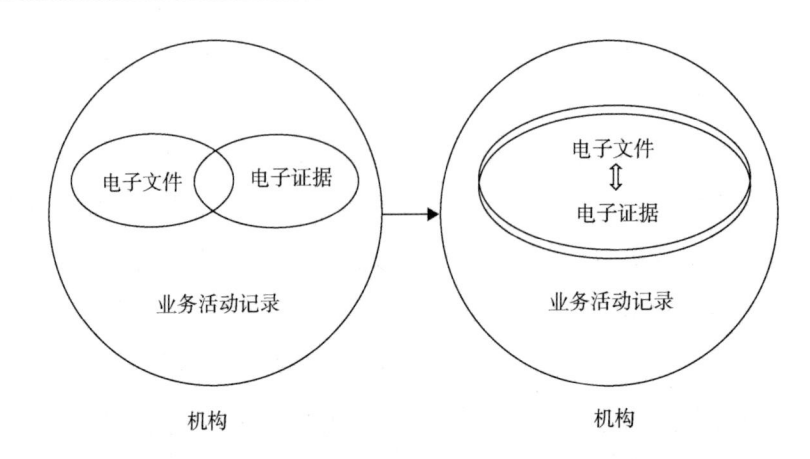

图 6-1 机构（电子）文件与（电子）证据的关系

二 电子文件管理与电子证据使用的关系

司法诉讼中电子证据的使用可以粗略地分为电子证据取证、质证和认证三大阶段，其中取证和认证是与电子文件及管理最为相关的环节，电子证据的认证规则直接影响到电子取证的过程和规范。

（一）电子文件管理与电子证据的认证

证据的认证可以分为采纳和采信两方面的内容。在美国和加拿大，证据的采纳和采信程序是相对分离的，证据规则集中体现在可采性的认证上。对电子证据而言，适用的典型规则包括传闻规则、鉴真规则和最佳证据规则，这些相关规则主要呈现在美国《联邦证据规则》和加拿大《证据法》中。在我国，证据的采纳和采信在程序上并未完全分离，尤其在民事诉讼中，证据的审查判断和审核认定一般都是同时进行的。证据必须符合"真实性、关联性和合法性"的标准，才能作为认定案件事实的根据。由于我国没有独立的证据法，与电子证据相关的证据规则分散在诉讼法及其司法解释和两高一部发布的相关规定中，主要包括《关于办理死刑案件审查判断证据若干问题的规定》（2010年）、《关于适用〈中华人民共和国刑事诉讼法〉的解释》（2012年）、《关于刑事电子数据若干问题的规定》（2016年）以及《关于互联网法院审理案件若干问题的规定》（2018年）。真实性和身份确认问题是美国、加拿大和我国在电子证据认证中面临的共同问题。

电子文件管理中的真实性概念与电子证据认证中的真实性并不完全对应，在机构内，电子文件管理的起点始于对电子文件的识别和捕获，即固化电子文件的内容和结构背景元数据，进而通过元数据记录电子文件在后续整个生命周期内的变化，包括在元数据中持续增添那些与业务流程有关的背景信息，并通过管理元数据对文件及与其形成、管理、维护和使用相关的人员、过程和系统进行标识，从而保障电子文件的真实性。电子证据的真实性认证实际包含两层含义：（1）文件在生成之时是否是对现实中发生的业务活动/事务的客观、准确和完整的记录（事实真实性）。（2）文件自生成起到作为证据当庭展示的整个过程中，是否未发生改变或受到污染（形式真实性）。因此，电子文件的真实性保管只能确保电子文件被捕获时的原始性，以及自捕获起至证据收集前的完整性。图6-2显示了机构内的电子文件从生成到作为证据当庭展示所可能经历的形式变化与真实性问题。

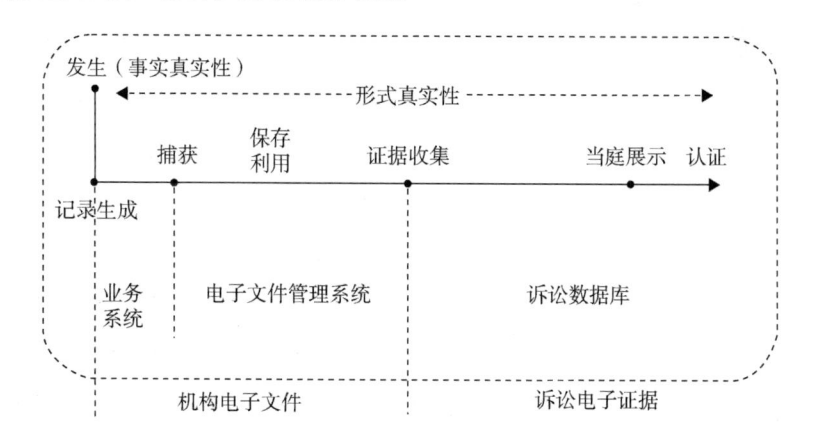

图6-2 机构电子文件到诉讼电子证据的形式变化

机构电子文件管理对电子证据真实性的支撑作用体现在三个层面：（1）文件工作者作为文件的保管者，在文件保存过程中努力维持和保护文件的原始性，能够证明文件在其保管期间的完整性，但其效力程度取决于文件在生成后至当庭展示前有多长时间处于文件工作者的管理控制之下。（2）在可信电子文件管理框架下，生成者对文件记录和表达方式的控制、对文件生成程序的规范都有助于形成对业务活动/事务的准确、完整和客观记录，从而增加文件的可信度，支持对证据事实真实性的认证。（3）文件管理注重文件内容及其背景和结构元数据的管理，将同一业务活动的文件作为一个整体单元，在保存和管理中努力维护其之间的联系，从理论上可以解决共享互动环境中电子信息记录制作者的身份确认问题。然而，无论从哪个层面来看，这种支撑作用的有效性在很大程度上依赖于文件管理的起始点，即必须在文件生成之时甚至文件生成前就对文件的生成程序和表达记录方式予以规范，并且在文件生成后第一时间将其纳入管理流程。只有这样，才能在动态交互的数字环境和复杂多变的系统中保障可信文件的生成、维护和管理。

（二）电子文件管理与电子取证

电子取证可以划分为刑事诉讼取证和民事诉讼取证两种。在美国和加拿大，电子取证领域已经形成了刑事取证科学（Digital Forensic）和民事取证科学（E-discovery）并列存在的二分局面，并且两大分支有交叉融合的迹象。在我国，电子取证活动在刑事和民事诉讼中同样存在，然而长期以来，以计算机和网络犯罪为研究主体的刑事取证技术科学一直占据主导地位。随着我国电子证据领域的不断发展，越来越多的法律界人士开始认识到民事诉讼中当事人及其律师取证的重要性。

电子文件管理与电子取证的关系主要存在于民事领域。证据收集前的灭失/更改问题以及海量电子数据的筛查问题是电子取证面临的两大挑战，是造成电子取证成本高昂的主要原因。电子文件管理与民事电子取证在流程上高度重合，良好的电子文件管理可以从三方面助力电子取证：（1）文件保管期限和处置关乎电子证据灭失与保护问题；（2）电子文件管理的数量和质量控制可以支持证据的筛查；（3）电子文件管理为潜在电子取证的预先管理奠定基础。该作用的发挥取决于三大核心功能（分类方案、保管期限设置和处置操作）的执行程度以及对文件生成阶段的控制程度。

总结而言，机构电子文件管理对电子证据的取证和认证都有着重要的支撑作用，良好的电子文件管理制度和实践可以帮助机构更好地应对民事诉讼和其他法律遵从事务。实际上文件档案管理与证据认证之间的联系在传统书证时代已然存在，只是在电子证据时代有了更加复杂的表现形式。从这个意义上讲，电子取证才是数字时代给予文件档案界的新机会，对电子文件管理与电子取证关系的探索具有重要意义。

第三节　现象解释

传统纸质时代，美国《联邦证据规则》和加拿大《证据法》以"业务记录"（business records）为联系点，在以传闻例外规则、鉴真规则和最佳证据规则为主的证据认证过程中间接实现了对机构文件的认可。在数字时代，这一连接成功顺承到了电子证据和机构电子文件的关系中来。这是因为在美国和加拿大法律中，电子证据的界定十分广泛，涵盖所有"以电子形式存储的信息或数据"，包含于广义的"不计形式"的书面证据（documentary evidence）范畴里，从而使电子证据以ESI和Electronic Document的说法融于原有的证据概念和类型里，并未对原有证据规则的适用造成过多困扰。为应对民事诉讼中存在的大量ESI的开示问题，2006年美国《联邦民事诉讼规则》进行了多处修订，将电子证据全面纳入民事诉讼流程，其中第37条（e）款将ESI的依法保留问题与机构业务信息记录的留存与处置直接联系起来。加拿大2017年发布的国家标准《电子文件作为书证》规范了法律遵从框架下的电子文件管理要求，明确了机构电子文件管理与电子取证活动之间的联系，肯定了机构管理对电子文件作为证据在可采性和证据力上的支撑作用。

这些法律条款和标准要求，在法律层面将电子文件管理与电子取证以最直接的方式链接起来。由于有法可依，法官在与电子取证相关的裁决中会将机构电子文件管理的责任纳入考量，若机构因管理失职造成证据灭失、毁坏或其他举证问题，则要承担巨额罚款、不利判决甚至败诉的后果。相应地，律师在证据的依法保留和开示中也会格外关注机构的电子文件保管期限设置和处置功能。法律上的相关规定迫使机构重视对电子文件的管理，司法界和法律界对机构业务信息记录管理责任的合理预期与认可也能够在一定程度上调动机构电子文件管理的积极性。在这种情况下，文件档案界与法律界的沟通和交流就成为了水到渠成的事情。不仅如此，美国和加拿大的文件档案管理界借助电子取证也在电子证据领域取得了一定的影响力，比如 ARMA 在法律遵从领域的卓越表现[1]以及《电子文件作为书证》的发布都是极好的例证。

而在我国，在电子文件管理与电子取证之间尚未能发现这种直接、普遍性的链接情况。从本书的分析来看，造成这一现象的原因主要有四点：（1）我国民事领域中电子证据与机构电子文件缺少联系；（2）我国电子取证中证据数量的增长尚未成为普遍现象；（3）法律界对电子文件及其管理缺乏认可；（4）文件档案界与法律界的对接存在障碍。而原因（1）民事领域中电子证据与机构电子文件缺少联系是影响其他几个问题产生的关键因素，具体表现为：（1）法律中的电子证据定位模糊；（2）民事诉讼中的电子证据规则体系尚未建立；电子证据相关法律条款在认证和收集规则上都缺少与机构电子文件的关联点。

实际上，在传统纸质书证时期，档案在我国证据认证体系中尚有所体现，《关于民事诉讼证据的若干规定》（2001 年）第 77 条指出"物证、档案、鉴定结论、勘验笔录或者经过公证、登记的书证，其证明力一般大于其他书证、视听资料和证人证言"。然而，由于我国电子证据的法律定位模糊，电子数据与传统证据类型的关系无法明确，加之"档案"与"电子文件（档案）"在概念界定和管理实践上存在隔阂，纸质时代书证/视听资料与档案之间的这种连接在数字时代却未能完全顺利

---

[1] ARMA 的《文件管理共识原则》被电子取证知名协会"赛多纳会议"在报告中多次引用。

承接到电子数据与电子文件（档案）的关系之中。在民事领域电子证据的收集和保护上，电子证据与机构电子文件之间的联系更是难觅踪影。

我国民事领域的电子证据规则体系不完善是这种联系缺失的直接原因。目前我国具有实际指导意义的电子证据收集和审查认定规则几乎都集中在刑事领域，对于民事诉讼及其他法律事务中电子证据的取证和认证意义甚微。从《关于互联网法院审理案件若干问题的规定》来看，我国民事电子证据的认证在标准上提出了更高的要求，但在认证方式上却未相应地提供多样化的认证方法和途径，民事诉讼中的电子取证和认证依然较多依赖于公证保全以及鉴定、数字标识、取证平台等技术手段。不仅如此，在举证责任的分配上，传统证据时代简单的"谁主张、谁举证"原则也难以指导电子证据的应用实践[1]，还有可能会造成"穷者更穷，富者更富"的情况。由于缺乏相关取证和认证规则的指导，电子证据在民事案件中的使用量远低于刑事案件。据相关统计，2014年1月到2015年12月，民事裁判文书是刑事的3.6倍，而采用电子数据的民事案件数量仅占对应刑事电子证据案件数量的0.67倍。在实践中绝大多数电子证据还被要求转化为书面材料提交法院。即使能够以电子形式提交，法院在判决中对这些电子证据的认定非常谨慎，相当一部分会以其存在"易删改""脆弱性""易变性"等的特性、未经过公证或鉴定、无其他证据相佐证为由而不予采信。[2] 在电子证据被一定程度虚置的情况下，我国电子证据的数量显然不会有大量增长。在这种现状下，民事电子取证的发展严重受挫，自然也不可能出现像美、加国家所呈现的与电子文件管理之间的普遍链接。

另一方面，由于法律层面上未能以任何方式将电子证据与机构电子文件联系起来，导致电子文件在法庭上难以有任何突出表现——即，即使案件审理过程中使用的证据在文件档案管理界看来完全符合电子文件

---

[1] 刘品新：《论电子证据的理性真实观》，《法商研究》2018年第4期。
[2] 郭琳：《民事诉讼中电子证据的虚置与重构》，中国法院网，https：//www.chinacourt.org/article/detail/2018/01/id/3147753.shtml。

的界定，但司法界却没有对此有任何的指向或呼应。法律界对电子文件及其管理缺乏认可度，自然也就无法引起机构对电子文件管理的重视，更难以调动机构电子文件管理的积极性。在这种大环境下，电子文件管理实践也难有起色。同时，由于我国长期以来实行双套制的归档制度，机构电子文件管理未能区别于纸质档案形成科学的管理方式，真实性难以保障。在一些机构，电子文件管理几乎等同于对电子公文或类似正式文件的归档，电子取证中真正需要的日常业务记录（如电子邮件）却完全不在管理范围之内。落后的管理实践难以支撑电子文件在法庭上发挥应有证据效力，反过来也更加增大了法律认可电子文件管理的难度。

在理论研究上，我国文件档案界始终试图通过真实性扩大其在电子证据领域的影响力，但民事电子取证的这种现状尚不能引发文件档案界对电子文件管理在取证中的作用思考，因此我国文件档案界参照传统的研究思路，依然习惯从证据认证的角度思考电子文件及管理对证据使用的支撑作用，大量的文献都是从真实性的角度论述电子文件及管理对于电子证据使用的意义。同时，我国电子文件各类办法、规定和标准规范对真实性、可靠性、完整性等术语的界定缺乏统一性，加大了自身与法律界沟通的难度。

第七章　我国电子文件与电子证据发展建议

本章根据前述研究发现对我国的相关领域做出基于证据的分析与建议。

第一节　我国机构电子文件管理与电子取证对接的必然性

一　民事领域的电子证据规则正在逐步完善

长期以来，与刑事诉讼相比，我国民事诉讼领域有关电子证据规则的规定却十分滞后。电子证据在民事诉讼审理中处于虚置状态，很多情况下只能以间接证据的形式发挥作用。[①] 可喜的是，从2017年起，民事诉讼中的电子证据问题开始引起司法机关的关注。2017年8月，杭州互联网法院挂牌成立。2018年7月中央全面深化改革委员会第三次会议审议通过了《关于增设北京互联网法院、广州互联网法院的方案》，北京和广州互联网法院先后落地。截至2019年3月，杭州互联网法院已受理案件1万余件，其中网络著作权5000余件，合同纠纷2000余件。在中

---

① 郭琳：《民事诉讼中电子证据的虚置与重构》，中国法院网，https://www.chinacourt.org/article/detail/2018/01/id/3147753.shtml。

国裁判文书网上可查询到的使用电子证据的民事案件有 2 万余件，其中数量最多的是合同纠纷和知识产权与竞争纠纷。在这些案件中，机构尤其是公司企业，显然是最主要的诉讼参与主体。民事电子取证的重要性不言而喻。

2018 年 9 月最高人民法院发布了《关于互联网法院审理案件若干问题的规定》，规定了十类由互联网法院专门受理的案件，包括电子合同纠纷、著作权或邻接权纠纷、互联网域名侵权纠纷、产品责任纠纷、互联网公益诉讼案件等①，其中第 11 款列出了六条真实性审查规则。尽管如前文分析所言，这些规则的可操作性有待检验，但该规定的出台毕竟填补了我国在民事电子证据规则上的空白。相信随着电子证据在民事诉讼领域的重视增加，相关的取证和认证规则也会逐步完善。

二 民事领域的电子取证需求正在上升

2018 年 2 月，西南财经大学法学院杨继文博士在《检察日报》上刊文，指出"证据法学研究进入电子证据新时代"。② 理论研究与实践发展相辅相成，实践中，司法诉讼也逐渐步入"电子证据的新时代"。2017 年 8 月，杭州互联网法院挂牌成立，2018 年 7 月中央全面深化改革委员会第三次会议审议通过了《关于增设北京互联网法院、广州互联网法院的方案》。北京市人民检察院第二分院发布的《证券犯罪检察白皮书》数据显示 2012—2017 年该院办理的证券犯罪案件有 50%涉及电子证据。

民事诉讼司法实践中，电子证据被应用的越来越多，也发挥着越来越重要的作用。③ 随着我国经济的蓬勃发展和公民法律意识的觉醒，民商事案件激增。2012—2017 年，我国地方人民法院审结民事案件 3139.7

---

① 最高人民法院：《最高人民法院关于互联网法院审理案件若干问题的规定》（法释〔2018〕16 号），2018 年。
② 杨继文：《证据法学研究进入电子证据新时代》，《检察日报》2018 年 2 月 6 日第 3 版。
③ 武海霞：《民事诉讼中的电子证据采信规则研究》，硕士学位论文，北京邮电大学，2014 年。

万件，商事案件 1643.8 万件，同比上升 53.9%①尤其是近几年移动化、物联网、社交购物和互联网金融的兴起推动了电子商务在我国的迅速发展，相应地与网络相关的民商事案件大量涌现。

此外，海外诉讼也是推动民事电子取证的发展的主要力量之一。2008 年金融危机后，伴随着我国企业大举进入国外市场，开展海外并购，买进海外技术和资产，企业涉外纠纷逐渐增多。近几年来我国多家企业在美国被起诉或遭受调查，仅 2018 年就出现了中兴和华为两个典型案例。美国的民事诉讼中有着广泛的证据开示制度，而且形成了比较成熟的电子取证市场。相比之下，我国企业缺乏电子取证和证据开示的经验，往往处于被动境地。例如 2010 年的中华集团天津公司和 2012 年的日照钢铁控股集团公司案中，两家公司对美国的证据收集制度缺乏足够认识，最后只能通过协商解决纠纷，付出了巨大的代价。②

不仅如此，海量电子数据的筛查问题也正在促进我国司法实践在电子取证领域的探索。在大数据时代，如何从海量电子数据中搜寻到关联数据，不仅是网络犯罪侦查所面临的问题③，也是民事电子取证面临的重要挑战。例如在长春长生疫苗事件中，公安机关追回犯罪嫌疑人丢弃并意图损毁的电脑硬盘 60 块，如何从这 60 块硬盘存储的数据中找到与相关指控高度相关的证据，确实是个问题。

三 举证责任分配和证据交换制度有望改进

从证据收集制度设计上来看，我国目前已经基本形成了以当事人举证、法庭调查取证、举证时限和证据交换为核心、以"谁主张、谁举

---

① 参见黄洁、张雪泓《北京市检二分院发布〈证券犯罪检察白皮书〉》，《法制日报》2018 年 5 月 9 日，http://www.spp.gov.cn/spp/dfjcdt/201805/t20180509_378123.shtml。

② 张虎：《美国执行程序中的"证据开示"制度研究》，《江淮论坛》2014 年第 1 期。

③ 高波：《大数据：电子数据证据的挑战与机遇》，《重庆大学学报》（社会科学版）2014 年第 3 期。

证"为基本原则的证据收集制度。但遗憾的是，我国目前的证据交换模式看似与英美国家的证据开示制度相似，实质上并未承担任何证据材料收集提取的功能①，这种功能目标与规则形态上的错配使其在民事诉讼实践中基本上处于闲置状态②。而我国民事诉讼体系中现有的当事人收集、提供证据程序规则和法院调查取证程序规则以及举证时限规则"尚不充分"，甚至存在"深层次的程序技术缺陷"，"不足承担全民提取证据材料的制度功能"。③ 许少波更是犀利地指出我国民事诉讼法虽然赋予了当事人收集证据的权利，却没有规定具体的手段、途径和方法，必然会使证据交换程序成为"无源之水、无本之木"。

在呼吁完善我国证据交换制度④的同时，近几年法学界也开始关注我国电子证据中的责任分配问题。相关学者指出，应当针对电子证据的不同情况，对"谁主张，谁举证"规则进行改造，例如对于具有可信来源的电子证据，由反驳方承担证据不属实的证明责任等。无论是证据交换制度的改进，还是证据责任的再分配，二者的出发点和落脚点其实都是提高当事人的证据收集能力，加强对易灭失、易更改证据（如电子证据）的保护，促进双方当事人的证据信息交流。就在本书结稿前的近几日，《关于深化人民法院司法体制综合配套改革的意见——人民法院第五个五年改革纲要（2019—2023）》已由中央批准。《纲要》中指出要"探索构建适应互联网时代需求的新型管辖规则、诉讼规则，推动审判方式、诉讼制度与互联网技术深度融合"，并且在此基础上"深入总结司法实践经验，推动修改民事诉讼法"。⑤

---

① 高洪宾、何海彬：《庭前证据交换实务问题研究》，《政治与法律》2001年第1期。
② 许少波：《民事诉讼证据交换制度的立法探讨》，《法律科学》（西北政法大学学报）2012年第3期。
③ 丁宝同：《民事诉讼审前证据交换规则研究》，厦门大学出版社2013年版，第198页。
④ 王新元：《重构我国民事诉讼庭前证据交换制度的思考》，《北方民族大学学报》2015年第2期。
⑤ 中华人民共和国最高人民法院：《关于深化人民法院司法体制综合配套改革的意见——人民法院第五个五年改革纲要（2019—2023）》（法发〔2019〕8号），2019年。

四 法学界对电子文件管理日益关注

近几年来，随着电子证据在民事诉讼中应用的推进，电子文件及其管理开始引起了法学界的关注。2016 年，刘品新在《电子证据的关联性》一文中提出要通过日常管理手段构建和完善民事诉讼中的电子取证制度，电子文件管理就是其中一项。2017 年，刘品新教授指导的硕士宗元春以"电子文件的证据规则"为题，对比了电子文件管理目标中的真实性、完整性、可用性与电子证据的真实性、合法性、关联性，建议加强我国法律、法规、司法解释中的电子证据规则与电子文件管理规则和行业标准的契合度。同年，重庆邮电大学的胡娅在《电子证据监督链及其相关概念辨析》一文中对电子文件管理中的元数据管理与电子证据监督链进行对比，指出二者在组成形式、证明目的、具体内容上有相似之处，但是二者存在形式、涵盖范围、使用工具不同，并不适用于对整个电子取证过程的监督记录。[①] 2018 年天津大学法学院的王燃在《档案学通讯》上发表《电子文件管理与证据法规则的契合研究》一文，指出当前证据学与电子文件领域存在着较大的专业隔阂，建议电子文件管理制度有针对性地吸收电子证据的真实性、合法性、关联性、证明力等理念和规则。[②] 2018 年 12 月，第九届中国电子文件管理论坛召开，中国人民大学刘品新教授出席并发表演讲，指出司法系统"不仅鼓励承认电子证据，还鼓励承认电子档案"，主张将电子文件纳入司法范畴，关注证据规则与电子文件法律效力的对接契合问题。

五 电子文件管理即将转向单套制

一直以来，作为电子文件发展初期的权宜之计，我国的电子文件"双套制"管理备受争议。随着我国数字化实践的进步，双套制向单套

[①] 胡娅：《电子证据监督链及其相关概念辨析》，《法制博览》2017 年第 11 期。
[②] 王燃：《电子文件管理与证据法规则的契合研究》，《档案学通讯》2018 年第 5 期。

制的转变成为必然。2015年，财政部和国家档案局公布《会计档案管理办法》，规定单位内部形成的属于归档范围的电子会计资料，在满足一定的条件下，可以仅以电子形式保存。2016年新版《电子文件归档与电子档案管理规范》公布，与2012年的版本相比，删除了"具有永久保存价值的文本或图形形式的电子文件"在归档时保存"纸质版本或缩微品"的要求。2018年10月，国家档案局对《电子公文归档管理暂行办法》进行修改，其第7条规定"符合国家有关规定要求的电子公文可以仅以电子形式归档"，在归档时要"按照国家有关要求对其真实性、完整性、可用性和安全性进行检查"。在2018年12月第九届中国电子文件管理论坛上，国家档案局副局长付华同志更是明确指出单套制反映了档案事业发展的趋势，顺应了新时代的新要求。冯惠玲教授发表了"渐行渐近：单轨制电子文件管理"的演讲，指出单轨制是电子文件管理的趋势和未来。

第二节 对法学界和电子文件管理界的建议

一 对我国法律界的建议

（一）继续完善民事领域电子证据规则体系

综合来看，我国立法在民事电子证据的认证上还有很大的完善空间。首先，目前具有指导意义的证据审查规则都集中在刑事领域，侧重的是证据载体来源、收集和提取中的完整性保持方法，规范的是刑事侦查部门的证据收集和保管行为。这种形式上的审查虽然将庭审前的证据鉴真从证据力认定中独立出来，但对于民事诉讼及其他法律事务中由当事人及其律师进行取证的情况而言意义甚微。另一方面，现有的法律条款中提供的审查方式更偏重技术手段的运用，例如专家鉴定、备份比对和特殊标识识别。由于刑事案件往往涉及当事人的人身自由权问题，对证据的采纳需要设定较高的标准。但在民事诉讼中，尤其是大型复杂案件中涉及的证据数量更大，仅仅依靠技术手段不仅会极大地提高诉讼成本，而且难以从根本上解决证据在收集前的真实性问题。相比美国《联邦证据规则》提供的多种鉴真选择，我国缺乏利用间接证据辅助进行的真实性推定规则。① 目前法律实践中只能通过公证或鉴定的方式间接解决，但公证或鉴定不仅会提高司法诉讼成本，而且公证前电子记录的真实性仍然无从证明。在案件审判中法官明确能采用的只有自认规则，即一方当事人提出证据，若另一方当事人予以承认的话，则可认定该证据的真实性。②

其次，我国目前的证据审查判断规则都是从形式上对电子数据完整性的考察，实际上并未涉及电子证据的采信规则。③ 法律上规定了对"内容是否真实"进行审查，但这个审查可以包含两层含义：一是从内在载体即文字符号、声音和图像表达形式上审查电子证据内容是否出现过"剪裁、删除、拼凑、篡改、添加等伪造、变造"情况，对证据收集和保管的合法性审查就是对这层标准的体现；二是从证据事实上进行审查，即判断其内容记录所传达出的信息是否对实际发生的事实的准确、客观反映，对于业务电子记录或由计算机系统或程序运算而生成的电子证据而言，可能关系到程序或系统是否可靠、信息是否齐全等问题。这个层面涉及的是证据的实质性真实问题，关系到证据力的认定。放在整个案件中来看，还涉及体系化认证、证据相互印证等证据采信规则。④ 但这些问题在我国现有的电子证据规则中都缺乏有效的指导。

（二）适当将机构电子文件及管理纳入司法体系

将电子文件及其管理纳入司法体系，有两方面的含义。一是指将电子文件管理作为机构基本职能纳入证据收集与保全机制中。司法诉讼和监管执法中要对机构电子文件管理有默认的合理预期，在机构未能满足

---

① 周晓燕：《电子证据检察实务研究》，《中国刑事法杂志》2011 年第 1 期。
② 汪闽燕：《电子证据的形成与真实性认定》，《法学》2017 年第 6 期。
③ 刘品新：《印证与概率：电子证据的客观化采信》，《环球法律评论》2017 年第 4 期。
④ 刘品新：《论电子证据的定案规则》，《人民检察》2009 年第 3 期。

常规的电子文件管理规范造成电子证据灭失、损坏、更改或不可用时，对机构予以一定的制裁或惩戒。二是指在电子证据认证体系中，承认良好的机构管理实践对电子文件作为证据前的原始性和完整性的保持维护作用。从证据采纳和采信的角度而言，就是在证据采纳阶段认可管理框架下的电子文件在形式上的真实性。而对于那些在生成阶段甚至生成之前就被纳入管理体系的电子文件，若是能够证明该文件经由严谨的程序（包括记录程序和所依赖的计算机程序/系统）生成并且能够完成对其参与的业务活动/事务的准确、完整表达，则在采信阶段，应该赋予此类文件更高的证明力。

从目前的现实情况来看，要想将电子文件及管理纳入司法体系，有两种可能的实现方式。第一种参考美国的做法，借助我国民事诉讼制度改革的春风，将机构核心业务电子文件依法留存、管理与处置的要求纳入证据交换或保全规则中，并与当事人的证据保护责任衔接起来，也就是说可以根据情节轻重对于未能及时按照机构电子文件归档范围和保管期限留存潜在证据材料的行为，予以司法制裁，例如罚款或做出不利推定等。第二种途径是在民事诉讼电子证据规则的建立和完善中认可电子文件及管理对证据能力和证据力的支持作用。首先应该在证据规则中尽量将电子证据的采纳与采信区分开来，对于正常归档且符合电子文件保存规范的电子文件，认可其在证据收集前对原始性和完整性的维护，允许此类电子文件对形式真实性的自我认定，在对方当事人不提出异议的情况下可以自动采纳为证据（这种采纳方式类似于目前法律中的公证证据）。在法庭证据采信中，承认有生成控制程序和标准的电子文件所传达的信息内容更真实，具有更强的证据力。在证据力强弱上，建立如下的判断标准，即：受生成机制控制的且归档保存的电子文件＞仅归档保存的电子文件＞一般的电子文件。

二 对电子文件管理界的建议

（一）增强电子文件管理理念和自信心

虽然电子文件及其管理在我国证据收集和认证体系中的缺失是阻碍

电子文件完全发挥其证据效力的直接原因,然而就我国电子文件管理近三十年的发展历程来看,长期的双套制管理模式极大地削弱了文件档案界对电子文件的信心。造成这一现象的原因有两个:一是双套归档的模式下,机构员工及文件档案工作者在电子文件的管理、利用和合规性检查中依旧高度依赖纸质归档文件,从心理上一直未能完全认可电子文件的凭证性;二是电子文件管理长期未能从纸质档案管理的实践中独立出来,电子文件在归档、保存和管理上基本参照纸质档案管理的方法和规范,真正的管理实践中电子文件的真实性和完整性难以保障,自然也就难以起到真正的证明作用。正如刘品新教授在中国电子文件管理研究中心团队会议中所说的那样:"不信任电子文件的是档案界自身,而非法律界"。在电子文件单套制即将到来的今天,文件档案界首先应改变电子文件管理理念,树立对电子文件的信心,践行电子文件管理对机构法律遵从的意义,积极拓展电子文件及其管理对电子证据的支撑作用。

(二)尝试通过电子取证与法学界展开沟通合作

正如本书在对中美电子证据和文件管理关系的探索中所发现的那样,电子文件管理与电子证据体系之间的关系并不是单向的。民事诉讼证据收集制度中对电子文件常规保管行为的合法预期迫使机构不得不履行对电子文件的合规保存责任;电子证据认证规则中对处于管理机制下的电子文件证据能力和证明力的肯定,能够使机构认识到电子文件管理的效用,提高电子文件管理的积极性。反过来,整个社会中若能形成普遍的机构电子文件管理理念,建立电子文件保管和处置的惯例,树立优秀管理案例,势必会促进司法诉讼审判中对电子文件的采纳,加强司法机关和执法人员对机构电子文件及其管理的信任,进而促进电子文件及其管理在更多的诉讼案件中发挥作用。因此,电子文件档案界与法律界的交流是必不可少的。一方面法学界可以向电子文件管理工作者普及基本的诉讼制度和证据规则,提出他们在司法诉讼以及其他法律事务中对电子文件的法律要求;另一方面,电子文件和档案工作者可以向法律界的学者和司法人员宣传电子文件管理的理念和功能,阐明电子文件管理对电子证据收集和认证的支撑作用。只有这样，双方才能共同合作，推进我国电子证据和电子文件的共同发展。但正如前文指出的那样，这种沟通应以自身学科完善的概念体系为基础，同时从取证而非认证的角度展开。

（三）强化文件档案管理为机构服务的理念

由于各种现实因素的影响，我国的档案部门在实践中更注重档案的社会价值和效用。但从法律遵从的角度来看，电子文件的管理与电子证据及使用的结合点在于机构内的电子文件。因此，文件档案界应当给予机构电子文件管理更多关注，强化文件档案管理为机构服务的理念。

目前来看，我国文件档案界开始逐渐意识到这一问题。在国家档案局2018年10月最新发布的《机关档案管理规定》中，第23条着重指出了机关档案除了"文书、科技、人事、会计档案"外还包括"业务数据、公务电子邮件、网页信息、社交媒体档案"等文件材料。在归档范围上机关在日常公务活动中形成的归档材料应当纳入本部门收集保管的范围。在电子文件归档时间上要求机关办公自动化和其他业务系统支持形成符合要求的归档文件材料，并且要求此类文件材料应当随办随归。在保管时间上，要求文书档案的归档范围按照《机关文件材料归档范围和文书档案保管期限规定》执行，此外机关应当编制本单位的文件材料归档范围和档案保管期限表。

（四）将数量和质量生成控制理论落到实处

根据可信文件的管理框架，文件生成之时，其内容的准确度和可靠度取决于生成者的权威度、对文件生成程序的控制度以及对记录方式和表达方式的控制度。就电子文件而言，这关系到电子文件生成的计算机程序和系统是否运行正常、文件生成环境是否安全、对文件生成流程的控制是否规范、对数据录入和表达的准确度是否有所要求等。要实现对电子文件的生成控制，就要求文件管理者充分地参与到机构业务流程的改造、信息系统的设计以及员工业务操作和记录规范的制定中去。从这个层面上讲，电子文件管理者不再是消极被动的保管者，不是在"事务办毕"之后才去接手文件的归档和保存工作,而是应该与生成者一起,从文件生成之时甚至生成之前就参与到文件的设计规划中来,共同实现对电子文件的管理和控制。

(五) 倡导机构信息管理/治理下的法律遵从

正如 EDRM 的信息治理参考模型所揭示的那样,机构的信息管理只有提升到机构治理的战略层面,才能引起高层管理人员的关注,获得足够的支持力度以调动各方面的资源,带来真正意义上的改变。从我国的情况来看,文件档案界往往将电子文件的证据效力问题视作法律界的专业领域,试图积极向对方领域靠拢,为电子取证或证据的认证提供支撑作用。这也是本书最初的研究思路。然而,从美国电子取证(E-discovery)的发展情况来看,机构面对的电子证据挑战归结到底还是会回到信息记录的管理问题上来。因此,文件档案界应该避免盲目地从广阔的领域层面寻求结合点,而是应该落地到机构的实践中来,率先将信息记录的管理提升到机构治理的战略层面,在这一战略框架的支持下从法律遵从的角度更好地实现电子文件管理功能与电子证据使用的对接。当然,这需要文件档案界有较高的法律专业素养,能够在信息治理的框架下从法律遵从的角度清晰地阐释文件管理与电子证据使用之间的关系。同时,也需要外部提供相对成熟的司法环境,包括完善民事诉讼中的证据收集制度,提高民事审判中的电子证据认可度。

第八章 结论与展望

第一节 主要结论

至此本书已完成其主要部分的研究。总结而言,机构是电子文件与电子证据的主要结合点,由机构参与的民事诉讼中的电子证据取证和认证是电子文件管理支撑电子证据使用的主要应用场景。

一 电子文件与电子证据

尽管电子文件和电子证据的界定方式因不同国家和地域而有所差异,二者在内涵上都有着极大的重合,且都呈现出极强的数字属性。电子文件能否作为某一案件的证据材料取决于电子文件是否能与案件待证事实产生联系,而最终能否被法庭采纳作为认定案件事实的根据要看电子文件是否符合相关证据资格和证据力认定规则的要求。在法律遵从框架下,机构应当尽量扩大电子文件与电子证据的交集,即确保电子文件管理尽可能地覆盖当前或未来司法诉讼和其他法律事务活动所需的证据。这就要求机构在业务运作需求之外,综合考量正在进行、潜在或延期的诉讼纠纷以及可能的行政调查或监管,并尽可能全面地掌握可能覆盖自身业务活动类型的国家法律、行政法规、部门规章以及行业或团体规定。

二 电子文件管理与电子证据使用的关系

电子证据的取证和认证是与电子文件管理最为相关的两个环节，电子证据的认证规则直接影响到电子取证的过程和规范。

证据的认证可以分为采纳和采信两方面的内容，真实性的认证和身份确认问题是电子证据认证面临的最大挑战。机构电子文件管理对电子证据真实性的支撑作用体现在三个层面：（1）文件工作者作为文件的保管者，在文件保存过程中努力维持和保护文件的原始性，能够证明文件在其保管期间的完整性，但其效力程度取决于文件在生成后至当庭展示前有多长时间处于文件工作者的管理控制之下。（2）在可信电子文件管理框架下，生成者对文件记录和表达方式的控制、对文件生成程序的规范都有助于形成对业务活动/事务的准确、完整和客观记录，从而增加文件的可信度，支持对证据事实真实性的认证。（2）文件管理注重文件内容及其背景和结构元数据的管理，将同一业务活动的文件作为一个整体单元，在保存和管理中努力维护其之间的联系，从理论上可以解决共享互动环境中电子信息记录制作者的身份确认问题。这种支撑作用的有效性依赖于文件管理的起始点，即必须在文件生成之时甚至文件生成前就对文件的生成程序和表达记录方式予以规范，并且在文件生成后第一时间将其纳入管理流程，才能在动态交互的数字环境和复杂多变的系统中保障可信文件的生成、维护和管理。

电子取证可以划分为刑事诉讼取证和民事诉讼取证两种，电子文件管理与电子取证的关系主要存在于民事领域。证据收集前的灭失/更改问题以及海量电子数据的筛查问题是电子取证面临的两大挑战，是造成电子取证成本高昂的主要原因。电子文件管理与民事电子取证在流程上高度重合，良好的电子文件管理可以从三方面助力电子取证：（1）文件保管期限和处置关乎电子证据灭失与保护问题；（2）电子文件管理的数量和质量控制可以支持证据的筛查；（3）电子文件管理为潜在电子取证的预先管理奠定基础。该作用的发挥取决于三大核心功能（分类方案、保管期限设置和处置操作)的执行程度以及对文件生成阶段的控制程度。

总结而言,机构电子文件管理对电子证据的取证和认证都有着重要的支撑作用,良好的电子文件管理制度和实践可以帮助机构更好地应对民事诉讼和其他法律遵从事务。实际上文件档案管理与证据认证之间的联系在传统书证时代已然存在,只是在电子证据时代有了更加复杂的表现形式。从这个意义上讲,电子取证才是数字时代给予文件档案界的新机会,对电子文件管理与电子取证关系的探索具有重要意义。

在美国和加拿大,电子文件管理与电子取证之间在实践和研究层面存在着直接、普遍链接,而在我国这种链接尚属空白。造成这一现象的原因主要有四点:(1)我国民事领域中电子证据与机构电子文件缺少联系;(2)我国电子取证中证据数量的增长尚未成为普遍现象;(3)法律界对电子文件及其管理缺乏认可;(4)文件档案界与法律界的对接存在障碍。而原因(1)民事领域中电子证据与机构电子文件缺少联系是影响其他几个问题产生的关键因素,具体表现为:(1)法律中的电子证据定位模糊;(2)民事诉讼中的电子证据规则体系尚未建立;电子证据相关法律条款在认证和收集规则上都缺少与机构电子文件的关联点。

根据目前我国电子文件和电子证据发展的情况来看,我国未来存在机构电子文件的管理与电子取证链接的需求,这是因为:(1)民事领域的电子证据规则正在逐步完善;(2)民事领域的电子取证需求正在上升;(3)举证责任分配和证据交换制度有望改进;(4)法学界对电子文件管理日益关注;(5)电子文件管理即将转向单套制。在此基础上,对我国法律界提出了两点希望,包括:(1)继续完善民事领域电子证据规则体系;(2)适当将机构电子文件及管理纳入司法体系。对我国文件档案界提出了数条建议,包括:(1)完善我国举证责任和证据交换制度;(2)增强电子文件管理理念和自信心;(3)通过电子取证与法学界展开沟通合作;(4)强化文件档案管理为机构服务的理念;(5)将数量和质量生成控制理论落到实处;(6)倡导机构信息管理/治理下的法律遵从。

第二节 研究创新、局限与展望

本书的主要创新体现在以下方面：

（1）本书是文件档案领域第一个运用经典扎根理论的方法在证据学方面进行的跨学科系统性研究。本书尽最大的可能从文件档案领域的视角出发，去探索和证据学有关的问题，并努力在研究过程中追寻对两个领域都具有意义的研究结果。

（2）本书指出了文件档案管理界对电子文件档案法律遵从作用理解的局限性。虽然这种现象在文件档案界存在已有相当长的历史，但引起的关注却十分有限，希望本书的发现能够引发文件档案管理界在司法领域的新的研究兴趣。

（3）本书运用国际文件档案学科的知识和实践分析了中国司法界关于电子证据规则和电子取证的讨论和建议，并提出了自己的看法。为了使这一跨学科的分析有较为充分的立足点，研究尽可能地在支撑证据上兼顾点与面的结合，如对证据条款的逐词句分析和对国内涉及电子证据民事案件高层面特征总结等。

（4）本书较为具体地指出了文件档案界和证据法学界在国内目前发展的大环境下共建的方式。

本书主要存在两方面的研究局限：

（1）扎根理论的研究方法是本书的创新点所在，但也同样造成了研究上的局限。由于经典扎根理论的数据追踪要求，研究中涉及对大量数据的阅读，导致一些分析和附带发现未能进行精准的整理和提炼。

（2）从研究实际运作上看，本书选用的数据多来自文件档案和法学领域的学术文献、法律法规和标准规范，以及公开的司法判例和裁判文书，由于时间有限，加之其他现实因素，未能进行田野调查获得一手数据。因此不排除我国少数司法机关或机构在实践中已将电子文件管理理念应用于电子取证的可能性，但可以肯定的是，这类优秀实践案例目前还未出现在任何相关文献中，即使存在也有待普及和推广。

基于已有的研究发现，未来的研究可以从两方面展开：一是从数据量和适应范围着手继续深化，验证研究结果的适用范围，如有可能扩大研究结果的普适性；二是从结合我国文件档案界和法律界的发展的需要，在相关课题上展开继续研究。

随着司法诉讼全面进入电子时代，电子取证（E-discovery）的发展潜力不可估量。2016年美国电子取证（E-discovery）（电子取证）的服务市场估值达60亿美元，而这一数字正以每年10%的速率增长。而根据《2018—2014年中国电子取证市场运行态势及投资前景评估报告》，2017年我国电子数据取证市场规模增长至15.57亿元。杭州、北京、广州互联网法院相继成立，我国司法机关对民事诉讼中的电子证据的认可度也在不断上升。相信随着电子取证市场的蓬勃发展，电子文件管理也会越来越受重视，在机构的司法诉讼、监管调查和其他法律遵从事务中发挥越来越重要的作用。

参考文献

艾绍新：《Windows 数据恢复技术在电子取证中的应用研究》，硕士学位论文，东北石油大学，2013 年。

安小米、张维、孙舒扬：《电子文件管理的国际进展、发展趋势与未来方向》，《档案学研究》2012 年第 3 期。

毕玉谦：《论民事诉讼中电子数据证据庭前准备的基本建构》，《法律适用》2016 年第 2 期。

蔡盈芳、范冠艳：《业务类电子文件规范化管理研究——以企业电子会计文件归档和电子会计档案为例》，《档案学研究》2017 年第 S1 期。

常怡、王健：《论电子证据的独立性》，《法学》2004 年第 3 期。

陈龙：《计算机取证技术》，武汉大学出版社 2007 年版。

陈瑞华：《刑事证据法学》，北京大学出版社 2014 年版。

陈勇、张文茜：《论电子文件证据的法律效力》，《浙江档案》2012 年第 10 期。

崔屏：《电子文件凭证性溯源及内涵研究》，《档案与建设》2013 年第 9 期。

电子文件管理研究中心：《从双轨到单轨 打通"最后一公里"第九届中国电子文件管理论坛在京召开》，http：//erm. ruc. edu. cn/index. php？a = newscon&id = 325&twoid = 436。

丁宝同：《民事诉讼审前证据交换规则研究》，厦门大学出版社 2013 年版。

丁海斌：《电子文件与电子档案管理》，辽宁大学出版社 2000 年版。

丁秋峰：《一种电子数据可信取证形式化模型》，硕士学位论文，南京邮电大学，2012年。

丁一：《电子证据的信息属性研究》，硕士学位论文，湖南师范大学，2011年。

费小冬：《扎根理论研究方法论：要素、研究程序和评判标准》，《公共行政评论》2008年第3期。

冯惠玲：《电子文件管理300问》，中国人民大学出版社2014年版。

冯惠玲：《电子文件管理：信息化社会的基石》，《电子政务》2010年第6期。

冯惠玲：《认识电子文件〈拥有新记忆——电子文件管理研究〉摘要之一》，《档案学通讯》1998年第1期。

冯予君、王强：《网络犯罪的电子证据收集与固定》，《中国检察官》2012年第5期。

高波：《大数据：电子数据证据的挑战与机遇》，《重庆大学学报》（社会科学版）2014年第3期。

高洪宾、何海彬：《庭前证据交换实务问题研究》，《政治与法律》2001年第1期。

广东省人民政府：《广东省"数字政府"建设总体规划》，http://www.gd.gov.cn/zwgk/wjk/qbwj/yf/content/post_162020.html。

郭琳：《民事诉讼中电子证据的虚置与重构》，中国法院网，https://www.chinacourt.org/article/detail/2018/01/id/3147753.shtml。

郭小冬、姜建兴：《民事诉讼中的证据和证明》，厦门大学出版社2009年版。

国家档案局：《机关文件材料归档范围和文书档案保管期限规定》（国家档案局第8号令），2006年。

国家档案局：《企业文件材料归档范围和档案保管期限规定》（国家档案局第10号令），2016年。

国家电子文件管理知识与政策干部读本编委会：《国家电子文件管理知

识与政策干部读本》，人民出版社2018年版。

国家质量监督检验检疫总局、国家标准化管理委员会：《档案工作基本术语：DA/T 1-2000》，中国标准出版社2000年版。

国家质量监督检验检疫总局、国家标准化管理委员会：《电子档案管理基本术语：DA/T 58-2014》，中国标准出版社2014年版。

国家质量监督检验检疫总局、国家标准化管理委员会：《电子文件管理系统通用功能要求：GB/T 29194-2012》，中国标准出版社2012年版。

国家质量监督检验检疫总局、国家标准化管理委员会：《电子文件归档与电子档案管理规范：GB/T 18894-2016》，中国标准出版社2016年版。

国家质量监督检验检疫总局、国家标准化管理委员会：《信息与文献 电子办公环境中文件管理原则与功能要求 第2部分：数字文件管理系统指南与功能要求：GB/T 34840.2-2017》，中国标准出版社2017年版。

国家质量监督检验检疫总局、国家标准化管理委员会：《信息与文献 电子办公环境中文件管理原则与功能要求 第3部分：业务系统中文件管理指南与功能要求：GB/T 34840.2-2017》，中国标准出版社2017年版。

韩伟：《基于证据法的电子文件法律效力研究》，硕士学位论文，中国人民大学，2014年。

何家弘：《外国证据法》，法律出版社2003年版。

何家弘：《新编证据法学》，法律出版社2000年版。

何家弘、刘品新：《证据法学》，法律出版社2011年版。

何嘉荪：《论电子文件的生命周期》，《浙江大学学报》（人文社会科学版）2001年第4期。

胡娅：《电子证据监督链及其相关概念辨析》，《法制博览》2017年第11期。

黄洁、张雪泓：《北京市检二分院发布〈证券犯罪检察白皮书〉》，《法制日报》2018年5月9日。

黄世喆、李春阳：《论电子文件信息流程及其凭证价值》，《档案学研究》2011年第4期。

黄志文：《电子文件的法律证据价值》，《档案》1998年第6期。

贾园园：《论电子取证的基本原则》，《法制与社会》2018年第8期。

蒋平、杨莉莉：《电子证据》，清华大学出版社2007年版。

李春阳：《电子文件凭证价值保障问题研究》，硕士学位论文，广西民族大学，2011年。

李季、程晓波、王益民：《中国电子政务发展报告（2017）》，社会科学文献出版社2017年版。

刘晓丹：《美国证据规则》，中国监察出版社2003年版。

刘家真：《电子文件与法律——电子文件的凭证性探讨之一》，《档案与建设》2000年第1期。

刘金友：《证据法学》（新编），浙江大学出版社2003年版。

刘品新：《电子取证的法律规制》，《法学家》2010年第3期。

刘品新：《电子证据的关联性》，《中国检察官》2017年第9期。

刘品新：《电子证据的鉴真问题：基于快播案的反思》，《中外法学》2017年第1期。

刘品新：《论电子证据的定案规则》，《人民检察》2009年第3期。

刘品新：《论电子证据的定位——基于中国现行证据法律的思辨》，《法商研究》2002年第4期。

刘品新：《论电子证据的原件理论》，《法律科学》（西北政法大学学报）2009年第5期。

刘品新：《美国电子证据规则》，中国检察出版社2004年版。

刘品新：《印证与概率：电子证据的客观化采信》，《环球法律评论》2017年第4期。

刘品新：《论电子证据的理性真实观》，《法商研究》2018年第4期。

刘译矾：《论电子数据的双重鉴真》，《当代法学》2018年第3期。

刘越男、李静雅：《电子数据、电子文件相关概念的比较与对接》，《档案学研究》2017 年第 S1 期。

刘尊：《网络电子取证技术研究》，硕士学位论文，西北工业大学，2005 年。

罗丽琳：《基于代理方签名电子取证模型的技术及应用研究》，硕士学位论文，重庆大学，2008 年。

马跃：《美国证据法》，中国政法大学出版社 2012 年版。

钱毅：《〈电子文件管理系统通用功能要求〉（GB/T 29194）解读》，《北京档案》2018 年第 6 期。

钱毅：《电子文件管理系统功能需求规范定位研究》，《北京档案》2011 年第 4 期。

全国人大常委会：《中华人民共和国合同法》（中华人民共和国主席令第 15 号），1999 年。

全国人大常委会：《中华人民共和国签名法》（中华人民共和国主席令第 18 号），2004 年。

全国人民代表大会：《中华人民共和国国民经济和社会发展第十三个五年规划纲要》，http：//www.npc.gov.cn/wxzl/gongbao/2016 - 07/08/content_ 1993756.htm。

全国人民代表大会常务委员会：《中华人民共和国刑事诉讼法》（最新修订中华人民共和国主席令第 10 号），2018 年。

全国人民代表大会常务委员会：《中华人民共和国民事诉讼法》（最新修订中华人民共和国主席令第 106 号），2021 年。

任学强：《电子数据制度在涉外诉讼中的应用与完善》，《国际经济合作》2008 年第 1 期。

邵军：《论电子证据在我国的适用》，《政治与法律》2005 年第 2 期。

沈欣瑜：《电子档案"单套制"背后的电子文件管理思想转变》，《档案管理》2017 年第 6 期。

宋朝武：《民事证据法学》，高等教育出版社 2003 年版。

陶碧云：《中美两国电子文件管理之区别》，《上海档案》1999 年第 5 期。

陶水龙：《电子档案身份证凭证性保障与安全模型研究》，《档案学研究》

2015 年第 3 期。

汪闽燕：《电子证据的形成与真实性认定》，《法学》2017 年第 6 期。

汪腾锋：《反倾销案件中电子文件证据问题的研究》，中华全国律师协会国际专业委员会 2001 年年会论文集，江苏，2001 年 10 月。

王超杰、贾伟：《电子文件的法律证据价值》，《福建警察学院学报》2000 年第 4 期。

王洪礼：《民事诉讼证据简论：侧重效率维度》，中国检察出版社 2007 年版。

王进喜：《美国联邦证据规则条解》，中国法制出版社 2012 年版。

王群、李馥娟：《计算机取证技术实验室建设》，《实验室研究与探索》2013 年第 10 期。

王燃：《电子文件管理与证据法规则的契合研究》，《档案学通讯》2018 年第 5 期。

王少辉：《电子文件法律证据问题新探——从〈最高人民法院关于民事诉讼证据的若干规定〉看电子文件证据》，《档案学研究》2003 年第 1 期。

王少辉：《论电子文件法律证据效力的影响因素和保障对策》，《图书情报知识》2003 年第 4 期。

王绍侠：《电子文件产生证据效力的困难及其对管理的启示》，《档案学研究》2003 年第 3 期。

王世明：《从信息视角论电子证据的运用》，《情报杂志》2003 年第 11 期。

王新元：《重构我国民事诉讼庭前证据交换制度的思考》，《北方民族大学学报》（哲学社会科学版）2015 年第 2 期。

王洋：《电子文件归档"套制"研究》，《浙江档案》2017 年第 10 期。

王悦：《电子文件凭证性保障机制研究》，硕士学位论文，中国人民大学，2017 年。

文森：《电子取证技术在毒品犯罪案件中的应用研究》，硕士学位论文，兰州理工大学，2014 年。

武海霞：《民事诉讼中的电子证据采信规则研究》，硕士学位论文，北京邮电大学，2014年。

肖秋会、段斌斌：《我国电子文件证据地位及效力立法研究》，《图书情报知识》2018年第1期。

谢丽：《加拿大联邦政府背景下的文件与信息：基于扎根理论的研究》，浙江出版社2017年版。

谢丽：《文件的概念及其在数字环境中的演变：InterPARES观点》，《档案学通讯》2012年第3期。

谢丽、范冠艳：《电子文件与电子证据领域中的真实性概念分析》，《浙江档案》2019年第1期。

徐欣：《我国20年来电子文件管理的实践探索与理论研究及其发展趋势》，《档案学通讯》2009年第1期。

徐燕平、吴菊萍、李小文：《电子证据在刑事诉讼中的法律地位》，《法学》2007年第12期。

徐振杰：《电子文件证据的法律价值研究》，硕士学位论文，苏州大学，2003年。

徐振杰、陈炳亮：《中外关于电子文件凭证的法律依据》，《档案与建设》2002年第8期。

许康定：《电子证据基本问题分析》，《法学评论》2002年第3期。

许兰川等：《云计算环境下的电子取证：挑战及对策》，《刑事技术》2017年第2期。

许少波：《民事诉讼证据交换制度的立法探讨》，《法律科学》（西北政法大学学报）2012年第3期。

许少波：《证据保全制度的功能及其扩大化》，《法学研究》2009年第1期。

薛四新、张桂刚、李超：《电子文件凭证性保障方法研究》，《档案学研究》2013年第4期。

杨继文：《证据法学研究进入电子证据新时代》，《检察日报》2018年2

月 6 日。

杨太阳、刘越男：《力争打通从双轨制到单轨制的"最后一公里"——第九届中国电子文件管理论坛成果丰硕》，《中国档案报》2018 年 12 月 25 日第 1 版。

杨桐杰：《电子文件证据研究》，《北京市工商行政管理优秀论文选编》，2002 年。

杨中皇：《数字取证平台技术的研发》，《上海交通大学学报》2012 年第 2 期。

姚远：《检察机关电子取证系统的设计与实现》，硕士学位论文，西安电子科技大学，2010 年。

尹昌平：《谈谈电子文件、数字档案备份的证据作用》，《浙江档案》2010 年第 S1 期。

虞磊浩：《论电子证据对刑事搜查的挑战》，《中国刑事法杂志》2009 年第 6 期。

张邦铺：《关于法院依职权调查取证问题的研究》，《西华大学学报》（哲学社会科学版）2003 年第 1 期。

张斌、李辉：《计算机取证有效打击计算机犯罪》，《网络安全技术与应用》2004 年第 7 期。

张彩云：《网络犯罪中电子证据有关问题之探析》，《当代法学》2003 年第 7 期。

张虎：《美国执行程序中的"证据开示"制度研究——现状、最新发展及应对策略》，《江淮论坛》2014 年第 1 期。

张虎：《美国执行程序中的"证据开示"制度研究》，《江淮论坛》2014 年第 1 期。

张昆：《云计算环境中电子取证技术研究与实现》，硕士学位论文，电子科技大学，2014 年。

张丽丽：《信息领域中保全证据公证法律问题之探讨》，硕士学位论文，复旦大学，2008 年。

张梅:《试论电子邮件能否作为诉讼证据——从全国首例电子邮件为定案证据案谈起》,《华东政法学院学报》2001年第3期。

张卫平:《论公证证据保全》,《中外法学》2011年第4期。

张秀丽:《基于电子证据认证视角下的电子文件管理》,《中国档案》2010年第8期。

张亦非:《电子取证综合服务系统的设计》,硕士学位论文,电子科技大学,2017年。

赵小敏、陈庆章:《计算机取证的研究现状及趋势》,《网络安全技术与应用》2003年第9期。

赵志岩:《电子证据自动化推理方法的设计与实现》,《中国人民公安大学学报》(自然科学版)2016年第2期。

智研咨询集团:《2018—2024年中国企业信息化行业运营分析与发展前景预测报告》,http://www.cnnic.net.cn/hlwfzyj/hlwxzbg/hlwtjbg/201808/t20180820_70488.htm。

中共中央办公厅、国务院办公厅:《电子文件管理暂行办法》(中办国办厅字〔2009〕39号),2009年。

中国互联网络信息中心:《第42次中国互联网络发展状况统计报告》,http://www.cnnic.net.cn/hlwfzyj/hlwxzbg/hlwtjbg/201808/t20180820_70488.htm。

中华人民共和国最高人民法院:《关于深化人民法院司法体制综合配套改革的意见——人民法院第五个五年改革纲要(2019—2023)》(法发〔2019〕8号),2019年。

中华人民共和国最高人民法院:《关于适用〈中华人民共和国民事诉讼法〉的解释》(法释〔2015〕5号),2015年。

周晓燕:《电子证据检察实务研究》,《中国刑事法杂志》2011年第1期。

朱丽叶·科宾、安塞尔姆·施特劳斯:《质性研究的基础:形成扎根理论的程序与方法》,朱光明译,重庆大学出版社2015年版。

宗元春:《电子文件的证据规则》,博士学位论文,中国人民大学,2011年。

最高人民法院:《关于民事诉讼证据的若干规定》(最新修订法释〔2019〕19号),2019年。

最高人民法院:《最高人民法院关于互联网法院审理案件若干问题的规定》(法释〔2018〕16号),2018年。

Adam I. Cohen and David J. Lender, eds. , *Electronic Discovery: Law and Practice* (3rd), Los Angeles: Aspen Publishers, 2004.

Amelia Phillips et al. eds. , *E-discovery: An Introduction to Digital Evidence*, Singapore: Cengage Learning, 2014.

Arthur Best, *Wigmore on Evidence Set Vol. 1: Admissibility*, 4th Ed. , Haryana: Wolters Kluwer India Pvt Limited, 2007.

Barney Glaser and Judith Holton, "Basics Social Processes", *The Grounded Theory Review*, Vol. 4, No. 3, 2015: 1-27.

Barney Glaser, Anselm Strauss, "The Discovery of Grounded Theory: Strategies for Qualitative Research", *Nursing Research*, Vol. 17, No. 4: 377-380.

Barney Glaser, *Doing grounded theory: Issues and discussions*, Mill Valley: Sociology Press, 1998.

Barney Glaser, *The Grounded Theory Perspective: Conceptualization Contrasted withd Description*, Mill Valley, CA: Sociology Press, 2001.

Barney Glaser, *Theoretical Sensitivity-Advances in the Methodology of Grounded Theory*, Mill Valley, CA: Sociology Press, 1978.

Brian Carrier, "Defining digital forensic examination and analysis tools", *International Journal of Digital Evidence*, Vol. 1, No. 4, 2003: 1-12.

Brian Organ, "Discoverability of Electronic Evidence", Law & Contemp. Probs, Vol. 253, 2001: 280-81.

Canadian General Standards Board, *Electronic Records as Documentary Evidence: CAN/CGSB-72. 34-2017*, Standards Council of Canada, 2017.

Canadian Lawyer, "Why does e-discovery cost so much?", https://www.

canadianlawyermag. com/author/dera-j-nevin/why-does-e-discovery-cost-so-much-1956/#tab_ .

Casetext, "Coleman Hold. v. Stanley, 20 So. 3d 952 20 So. 3d 952 (Fla. Dist. Ct. App. 2009)", https://casetext.com/search? tab = keyword&jxs = &sort = relevance & type = case&q = Coleman%20Parent%20Holdings%20Inc%20&p =1.

Casetext, "American Express Travel Related Services Co. v. Vinhnee (In re Vinhnee), 336 B. R. 437 (B. A. P. 9th Cir. 2005)", https://casetext. com/case/in-re-vee vinhnee? tab = keyword&jxs = &sort = relevance&type = case&resultsNav = false.

Casetext, "Arthur Andersen v. U. S, 544 U. S. 696 (2005)", https://casetext. com/case/arthur-andersen-llp-v-united-states-2? tab = keyword&jxs = &sort = relevance&type = case&resultsNav = false.

Casetext, "Gates Rubber Co. v. Bando Chemical Industries, Ltd. , 167 F. R. D. 90 (D. Colo. 1996)", https://casetext. com/case/gates-rubber-co-v-bando-chemical-industries-ltd? sort = relevance&q = Gates%20Rubber%20v. %20Bando%20Chemical%20Industries&p = 1&tab = keyword&jxs = &type = case.

Casetext, "In re Brand Name Prescription Drugs, Case Number: 94 C 897 (N. D. Ill. Jan. 19, 1999)", https://casetext. com/case/in-re-brand-name-prescription-drugs-5.

Casetext, "St. Clair v. Johnny's Oyster Shrimp, Inc. , 76 F. Supp. 2d 773 (S. D. Tex. 1999)", https://casetext. com/case/st-clair-v-johnnys-oyster-shrimp-inc? tab = keyword&jxs = &sort = relevance&type = case&resultsNav = false.

Casetext, "United States v. Scholle, 553 F. 2d 1109 (8th Cir. 1977)", https://casetext. com/case/united-states-v-scholle? tab = keyword&jxs = &sort = relevance&type = case&resultsNav = false.

Casetext, "United States v. Vela, 673 F. 2d 86 (5th Cir. 1982)", https：// casetext. com/case/us-v-vela – 2.

Casetext, "Zubulake v. UBS Warburg LLC, 220 F. R. D. 212 (S. D. N. Y. 2003)", https：//casetext. com/case/zubulake-v-ubs-warburg-llc – 5? q = Zubulake%20UBS%20Warburg%20LLC&p = 1&tab = keyword&jxs = & sort = relevance&type = case.

Centre for Applied Science and Technology, *eDiscovery in digital forensic investigations*, CAST Publication Number 32/14, 2014.

CGOC, "Information Governance Benchmark Report in Global 1000 Companies", http：//info. cgoc. com/CGOCBenchmark Report Download Information Governance_ RegistrationLP. html.

Chris Prosise, Kevin Mandia, *Incident Response：Investigating Computer Crime*, New York, NY：McGraw-Hill Professional, 2001.

Christina Goulding, "Grounded theory：A magical formula or a potential nightmare", *Marketing Review*, Vol. 2, No. 1：21 – 34.

Code of Federal Regulation, "Part 160 Subpart D-Imposition of Civil Money Penalties", https：//casetext. com/regulation/code-of-federal-regulations.

Committee on The Judiciary House of Representatives, "Federal Rules of Civil Procedure", February 1, 2018, https：//www. uscourts. gov/sites/default/files/Rules%20of%20Civil%20Procedure.

Committee on The Judiciary House of Representatives, "Federal Rules of Evidence", http：//uscode. house. gov/view. xhtml? path = /prelim @ title28/title28a/node218&edition = prelim.

Committee on The Judiciary House of Representatives, "Federal Rules Of Evidence", December 1, 2018, http：//uscode. house. gov/view. xhtml? path = /prelim@ title28/title28a/node218&edition = prelim.

Committee on The Judiciary House of Representatives, "Federal Rules of Evidence", http：//uscode. house. gov/view. xhtml? path = /prelim @ title28/title28a/node218&edition = prelim.

Cooper Offenbecher, "Admitting Computer Record Evidence after In Re Vinhnee: A Stricter Standard for the Future?", *Washington Journal of Law*, Vol. 4, Iss. 2, 2007: 6.

Dan Farmer and Wietse Venema, "Computer Forensics Analysis Class Handouts", http://fish2.com/forensics/class.html.

David Douglas, "Intransivities of managerial decisions: a grounded theory case", *Management Decision*, Vol. 44, No. 2, 2006: 259 – 275.

Digital Forensic Research Workshop, "A Road Map for Digital Forensic Research", http://home.eng.iastate.edu/~guan/course/backup/CprE-536-Fall-2004/paperreadinglist/DFRWS_RM_Final2001.pdf.

Don Lueders, "On Why I No Longer Support the DoD 5015.2 Standard", May 27, 2013, http://community.aiim.org/blogs/don-lueders%20crm%20cdia/2013/05/27/on-why-i-no-longer-support-the-dod-5015.2-standard.

Edrm Duke Law School, "EDRM Glossary: Spoliation Definition (s)", https://www.edrm.net/glossary/spoliation/.

EDRM Duke Law School, "EDRM Glossary", https://www.edrm.net/collections/edrmglossary/.

Edrm Duke Law School, "EDRM Model (2005 Version)", https://www.edrm.net/.

Edrm Duke Law School, "EDRM Model (2014 Version)", https://edrm.net/edrm-model/.

EDRM Duke Law School, "Information Governance", https://www.edrm.net/frameworks-and-standards/information-governance-reference-model/.

EDRM Duke Law School, "Why do we need another information management diagram?", https://www.edrm.net/frameworks-and-standards/information-governance-reference-model/using-the-igrm-model/.

Eoghan Casey, *Digital evidence and computer crime: Forensic science, computers, and the internet*, Waltham, Mass: Academic press, 2011.

Erica M. Davila, "International E-Discovery: Navigating the Maze", https://works.bepress.com/login/? next =/context/erica_ davila/article/1001/type/native/viewcontent/.

Federal Evidence Review, "Supreme Court Approves Amendments to FRE 803 (6) (7) (8)", April 29, 2014, http://federalevidence.com/blog/2014/april/supreme-court-approves-amendment-fre-8036-fre-8037-fre-8038-part-viii.

Federal Judicial Center Emery G. Lee III & Thomas E. Willging, *Litigation Costs in Civil Cases: Multivariate Analysis-Report to the Judicial Conference Advisory Committee on Civil Rules*, March 2010, https://www.uscourts.gov/sites/default/files/fjc_ litigation_ costs_ in_ civil_ cases_ -_ multivariate_ analysis_ 0. pdf.

FindLaw, "Kenneth Day V. Lsi Corporation Fka LSI", August 15, 2017, https://casetext.com/case/day-v-lsi-corp? tab = keyword&jxs = &sort = relevance&type = case&q = Kenneth%20Day%20LSI&p = 1.

Gavin W. Manes ed., "New Federal Rules and Digital Evidence", paper delivered to Annual ADFSL Conference on Digital Forensics, Security and Law, Arlington, Virginia, April 19, 2007, https://commons.erau.edu/adfsl/2007/session-6/3.

International Organization for Standardization, "Information and documentation. Principles and functional requirements for records in electronic office environments. Part 1: Overview and statement of principles: ISO 16175 - 1: 2010", January 1, 2019, https://www.iso.org/standard/55790.html.

Jeffrey Allen and Ashley Hallene, "Digital Evidence", *American Journal of Family Law*, Vol. 32, No. 1, 2019: 21.

John T. Yip, "Addressing the Costs and Comity Concerns on International E-Discovery", Washington Law Review, Vol. 87, No. 2, 2012: 595 – 637.

Judd Robbins, "An Explanation of Computer Forensics", https://homelandforensics.com/forensics.htm.

Judd Robbins, "Expert Witness in Fitness and Computer Subject Areas", https://juddrobbins.com/.

Karen A. Schuler, *E-discovery: creating and managing an enterprisewide program: a technical guide to digital investigation and litigation support*, Oxford: Syngress, 2008.

Kathy Charmaz, "Grounded Theory", in Jonathan A. Smith ed., *Rethinking Methods in Psychology*, London: Sage, 1995.

Legal Information Institute, "36 CFR Chapter XII", August 29, 2018, https://www.law.cornell.edu/cfr/text/36/chapter – XII.

Legal Information Institute, "44 USC Chapter 29, Disposal of Records", August 29, 2018, https://www.law.cornell.edu/uscode/text/44/chapter – 29.

Legal Information Institute, "44 USC Chapter 33, Disposal of Records", August 29, 2018, https://www.law.cornell.edu/uscode/text/44/chapter – 33.

Legal Information Institute, "Notes of Advisory Committee on Proposed Rules on Rule 1001. Definitions That Apply to This Article", https://www.law.cornell.edu/rules/fre/rule_ 1001.

Lexis Nexis, "Zubulake v. UBS Warburg LLC, 220 F. R. D. 212 (S. D. N. Y. 2003)", https://www.lexisnexis.com/community/casebrief/p/casebrief-zubulake-v-ubs-warburg-llc.

Linda Volonino, "Electronic evidence and computer forensics", *Communications of the Association for Information Systems*, Vol. 12, No. 1, 2003.

Luciana Duranti and Randy Preston, eds., *International Research On Permanent Authentic Records In Electronic Systems (Interpares) 2: Experiential, Interactive and Dynamic Records*, Padova: CLEUP, 2008.

Marcus Ledergerber and Matthew Knouff, "Better E-Discovery: Unified Governance and the IGRM", *Tech. for Litig.*, Vol. 6, 2012: 8 – 12.

Mark M. Pollitt, "An Ad Hoc Review of Digital Forensic Models", paper delivered to Second International Workshop on Systematic Approaches to Digital Forensic Engineering, Bell Harbor, Washington, April 10 – 12, 2007.

Mark M. Pollitt, "Computer Forensics: an Approach to Evidence in Cyberspace", *Proceedings of the National Information Systems Security Conference*, 2013: 77 – 88, http://www.digitalevidencepro.com/Resources/Approach.pdf.

Mark Reith, Clint Carr, and Gregg Gunsch, "An examination of digital forensic models", *International Journal of Digital Evidence*, Vol. 1, No. 3, 2002: 1 – 12.

Mark Surguy, *International E-Discovery: A Global Handbook of Law and Technology*, London: Globe Law and Business Limited, 2021.

Martin H. Redish, "Electronic Discovery and the Litigation Matrix", *Duke Law Journal*, Vol. 51, 2001: 561 – 628.

Michele C. S. Lange, Kristin M. Nimsger, *Electronic evidence and discovery: what every lawyer should know now*, Section of Science & Technology Law, American Bar Association, 2009.

Paul W. Grimm, Charles Samuel Fax, and Paul Mark Sandler, *Discovery Problems and Their Solutions*, Chicago, Illinois: American Bar Association, 2009: xix.

President & Strategic Intelligence, "eDiscovery Market", https://www.psmarketresearch.com/press-release/ediscovery-market.

Richard Pearce-Moses, "Glossary of Archival and Records Terminology", *Reference Reviews*, Vol. 27, No. 3, 2013.

Rob Attoe, "Digital forensics in an eDiscovery world", in John Sammons ed., *Digital Forensics-Threatscape and Best Practices*, San Francisco: Syngress, 2016: 32.

Robert E. Altman and Benjamin Lewis, "Cost-shifting in ESI discovery disputes: a five factor test to promote consistency and set party expectations", *N. ky. l. rev*, Vol. 36, 2009.

Robert F. Smallwood, *Information governance: Concepts, strategies, and best practices*, John Wiley & Sons, 2014.

Ronald J. Allen et al. eds., *Evidence: Text, Cases and Problems (Aspen Casebooks)*. 5th edition, Aspen Publishers, 2011.

School of Information Studies, Syracuse University, "Mark M. Pollitt", https://ischool.syr.edu/people/directories/view/mmpollit/.

Scientific Working Group on Digital Evidence, "Digital and Multimedia Evidence (Digital Forensics) as a Forensic Science Discipline", https://www.swgde.org/documents/Current%20Documents/Digital%20and%20Multimedia%20Evidence%20(Digital%20Forensics)%20as%20a%20Forensic%20Science%20Discipline.

Scott Giordano, "Giordano: Electronic Evidence and the Law", *Information Systems Frontiers*, Vol. 6, 2004: 161 – 174.

Sedona Conference Working Group 1, "Sedona Conference Principles & Commentary on Defensible Disposition", August 1, 2018, https://thesedonaconference.org/publication/Commentary_on_Defensible_Disposition.

Sedona Conference Working Group 1, "Sedona Conference Principles & Commentary on Defensible Disposition", https://thesedonaconference.org/publication/Commentary_on_Defensible_Disposition.

Sedona Conference Working Group 1, "The Sedona Conference Commentary on ESI Evidence & Admissibility", https://thesedonaconference.org/download-publication? fid = 489.

Sedona Conference Working Group 1, "The Sedona Conference Glossary: E-Discovery & Digital Information Management", https://thesedonaconference.org/publication/The_ Sedona_ Conference_ Glossary.

Sedona Conference Working Group 1, "The Sedona Guidelines: Best Practice Guidelines & Commentary for Managing Information & Records in the Electronic Age", https://thesedonaconference.org/publication/Guidelines_ for_ Managing_ Information_ and_ Electronic_ Records.

Sedona Conference Working Group 1, "The Sedona Principles: Best Practices Recommendations & Principles for Addressing Electronic Document, Production", https://thesedonaconference.org/publication/The_ Sedona_ Principles.

Sherry L. Xie, *Records and Information in the Government of Canada*, 浙江出版社2017年版。

Sherry L. Xie, "A must for agencies or a candidate for deletion: A grounded theory investigation of the relationships between records management and information security", *Records Management Journal*, Vol. 29, No. 1/2, 2019: 57 – 85.

Sherry L. Xie, "Retention in 'the right to be forgotten' scenario: a records management examination", *Records Management Journal*, Vol. 26, Iss. 3, 2016: 279 – 292.

Shira Scheindlin, Electronic Discovery and Digital Evidence in a Nutshell, St. Paul, MN: West Academic, 2016: 298.

Society of American Archivisit, "Glossary of Archival And Records Terminology: Archival integrity", https://www2.archivists.org/glossary/terms/a/archival-integrity.

Society of American Archivisit, "Glossary of Archival And Records Terminology: Authenticity", https://www2.archivists.org/glossary/terms/a/authenticity.

The Law Dictionary, "Authentication", https://thelawdictionary.org/.

The Law Firm Information Governance Symposium, "E-Discovery And Information Governance Task Force", http://www.ironmountain.com/resources/whitepapers/e/ediscovery-and-information-governance-task-force-report.

The Minister of Justice, "Canada Evidence Act", February 28, 2019, https://laws-lois.justice.gc.ca/PDF/C-5.pdf.

The Minister of Justice, "Federal Courts Rules", https://laws-lois.justice.gc.ca/eng/regulations/sor-98-106/.

Thomas E. Brown, "History of NARA's Custodial Program for Electronic Records: From the Data Archives Staff to the Center for Electronic Records, 1968-1998", in Bruce I. Ambacher ed., *Thirty Years of Electronic Records*, Washington, D.C.: Rowman & Littlefield, 2003: 1-24.

Thomas J. Casamassima and Edmund V. Caplicki III, "Electronic Evidence at Trial: The Admissibility of Project Records, E-Mail, and Internet Websites", *Construction Law*, Vol. 23, 2003: 13-14.

Todd L. Archibald and James Cooper Morton, *Discovery: Principles in Practice*, Toronto: CCH Canadian Limited, 2004: 9.

United States Supreme Court, "Federal Rules of Civil Procedure", https://www.uscourts.gov/sites/default/files/Rules%20of%20Civil%20Procedure.

Xiaoyu Du, Nhien-An Le-Khac, and Mark Scanlon, "Evaluation of Digital Forensic Process Models with Respect to Digital Forensics as a Service", https://arxiv.org/ftp/arxiv/papers/1708/1708.01730.pdf.

附录 编码示例

Coding of The Sedona Principles: Best Practices Recommendations & Principles for Addressing Electronic Document Production

Introduction Part and Principle 1

Introduction Part – Version 2005

Introduction 1. What is electronic discovery→discovery→ [civil procedure]

Introduction 2. What Rules Govern Electronic Document Production?

Federal Rules of Civil Procedure 1, 26, and 34→ [civil procedure]

(Memo: why electronic document? → Version 2007: ESI under the 2006 Federal E-Discovery Amendments) →Version 2017

Principle 1 – Version 2005, 2007 & 2017

1. Electronic data and documents are potentially discoverable under FED. R. CIV. P. 34 or its state law equivalents. Organizations must properly preserve electronic data and documents that can reasonably be anticipated to be relevant to litigation. → [Legal hold]

Version 2005

a. The Importance of Proper Document Management Policies

(Memo: Differences from a records management program?)

An appropriate electronic document preservation program would involve most or all of the following:

· Establishing a thorough but practical records management program and training individuals to manage and retain business records created or received in the ordinary course of business;

　　(Memo: document management program includes a records management program)

　　· Implementing a system of presumptive limits (based on time or quantity) on the retention of e-mail and other communications, such as instant messaging and voice-mail, to the extent their content does not merit treatment as business records, and developing communications policies that promote the appropriate use of company systems;

　　(Memo: instant messaging not merit as business records→transitory records→scope: electronic evidences≠electronic records)

　　[document management] > [records management]

　　Version 2007

　　b. The importance of proper records and information management policies and programs.

　　(Memo: document and records management in 2005 → records and information management in 2007)

　　[document management] → [information management] > [records management]

　　Version 2017

　　b. Comment 1. b. The discoverability and proliferation of ESI has increased the importance of effective information governance programs.

　　[information management] → [information governance] which includes [records management]

　　Category: [records management] → [information management] → [information governance] in Sedona Conference Principles versions = Legal professions promote the evolution of records management to information management and information governance.

Version 2005

b. The Benefits of Written Records Management Policies

Designing an Effective Records Retention Compliance Program

A written records management policy can also provide guidance on how to properly dispose of documents—both written and electronic—that are without use to the organization.

→ [records retention program] + [disposition policies]

Indeed, at least one court has held that the existence of a reasonable records management policy, instituted and applied in good faith, should be considered in determining whether to apply sanctions based on the destruction of evidence.

→ [destruction of evidence]

→Sub-category: [records retention program] + [disposition policies] + [destruction of evidence] + [Legal hold]

d. Preservation in the Context of Litigation

An organization's document retention policies should focus on the business needs of the organization and the budgetary constraints on its use of technology. An organization also must retain documents that may be relevant to current or reasonably anticipated litigation.

Further, most organizations are subject to statutory and regulatory regimes that require the preservation of particular documents for specified periods of time.

→ [retention policies] + [legal hold (anticipated litigation)] + [preservation]

Beyond satisfying these legal duties, however, it is neither feasible nor reasonable for organizations to take extraordinary measures to preserve documents if there is no business or regulatory need to retain such documents and there is no reasonable anticipation of litigation to which those documents may be relevant.

→ possible destroy of records out of use → [disposition]

→Sub-category: [retention policies] + [disposition] + [legal hold (anticipated litigation)] + [preservation]

Category: [records retention] + [disposition policies] + [destruction of evidence] + [Legal hold] = records retention and disposition functions matters to destruction of evidence in the legal hold phase of e-discovery

后　　记

《电子文件管理与电子证据使用》一书自2019年底开始筹划，直至2021年4月底正式定稿，2022年初付梓出版，前后历经近三年时间。书稿的修正和完善是一个没有止境的过程，期间各种曲折不断。幸运的是有各位领导、师长的支持和鼓励，各位同事同仁的帮助和陪伴，这一路程虽不平顺却温暖备至。

首先我要感谢我的导师谢丽老师。谢老师在我博士四年里细心指导，引领我走上学术的道路。其次要感谢亲爱的学校——北京联合大学应用文理学院对本书出版经费的支持。张宝秀院长对年轻教师十分关爱，每每和张院长谈心，总是备受鼓舞；张景秋副院长经常鼓励青年教师多做科研，不断提升自我；科研处黄宗英处长大力支持年轻教师的著作出版工作。科研处杨敏老师帮助我跟进出版进度，经常为我鼓劲加油。档案系党支部书记谢永宪老师、专业负责人沈蕾老师、系主任董焱老师、系副主任王巧玲老师、房小可老师也给予了我不同方面的支持，体谅我任务繁重，在工作安排上提供了不少便利。在本书的出版和修正过程中，各位领导和老师督促我不断完善书稿，追求高质量的作品。不仅如此，他们在我的学术研究道路和职业发展规划方面也提供了许多有益的建议。

我还要感谢共同并肩奋斗的同事和同门的师妹师弟，他们和我一起进行学术讨论，常常互有增益，在求知路上共同前进。

本书包含了我近四年对电子文件与电子证据关系这一话题的的思考和认识。但由于自身水平有限，文章一定还存在诸多不足之处，恳请批评指正。

范冠艳

2022 年 6 月

于北京房山家中